KB266725

욕망의 덫

오보와 가짜뉴스

욕망의 덫

오보와 가짜뉴스

왜 우리는 거짓에 포획되는가

양상우 지음

차 례

1부　　　　　　　　　　　　　　　　　　　**위험한 '합작', 오보**

1장　진실을 삼키는 블랙홀, 인간의 욕망

2장　위정자의 기만술에 속수무책인 언론

2부　　　　　　　　　　　　　　　　　　오래된 현실, '가짜뉴스'

4장 무엇이 가짜뉴스인가

5장 가짜뉴스는 왜, 어떻게 세상에 범람하게 됐을까

거짓 정보에 실망하고
분노하기 전에……

 ## 시간이 흘러야 드러나는 진실

고대 그리스인의 신화에는 진실과 거짓에 관한 지혜가 밤하늘 별처럼 총총히 빛납니다. 그 이야기로 '오보誤報와 가짜뉴스'의 세계로 들어가는 문을 가볍게 열어보려 합니다.

그리스 신화에서 '진실의 여신'은 알레테이아Aletheia입니다. 그녀의 이름에는 '시간'과 '기억'의 신비가 함께 깃들어 있습니다. '알레테이아'라는 이름에 들어 있는 '레테Lethe'는 신화 속 '망각忘却의 강'의 이름입니다. 여기에 반대어 접두사 '아'(a-)와 명사형 접미사 '이아(-ia)'가 붙은 게 알레테이아입니다. 그래서 알레테이아는 '잊히지 않고 드러난 상태'를 뜻합니다. 그리스인들에게는 진실의 반대가 거짓이 아니라 망각이었습니다.

여기에는 깊은 뜻이 담겨 있습니다. 거짓은 언젠가 진실이 드러나는 데 일조할 수 있지만, 망각은 진실이 드러날 기회조차 없애버립니다. 심지어 한 번 드러난 진실조차 사람들의 기억 저편으로 사라지게 한다는 것입니다. 20세기의 가장 영향력 있는 철학자 중 한 사람인 마르틴 하이데거Martin Heidegger는 이를 철학적 진실론으로 끌어와, 진실은 '드러나는 것unclosedness; disclosure'이라고 정의했습니다.

또한 신플라톤주의[1] 철학자들은 진실의 신, 알레테이아를 시간의 신인 '크로노스Chronos'의 딸이라고 얘기했습니다. 시간이 진실을 낳는다는 뜻입니다. 진실은 단번에 드러나는 게 아니라, 시간이 흘러야 비로소 드러난다는 것입니다.

그렇습니다. 진정한 진실은 시간이 흘러야 비로소 제 모습을 드러냅니다. 당연히 진실이 드러날 때까지의 시간은 빠를수록 좋겠지요. 오보나 가짜뉴스 같은 거짓 정보가 뒤늦게 바로잡히는 일은 우리 모두를 참담하게 합니다. 피해가 이미 복구할 수 없을 만큼 커진 뒤에 바로잡히는 것이니까요. 유감스럽게도 흔한 일입니다.

그래서 어떤 정보나 뉴스가 거짓임을 드러나게 하는 시간은 오보나 가짜뉴스 같은 거짓 정보를 다룰 때 그 무엇보다 중요합니다. 즉, 오보나 가짜뉴스의 폐해를 따질 때 가장 중요한 것은 거짓 정보기 성행하는 현상 자체보다, 거짓이 본색을 드러낼 때까지의 시간입니다.

그리스 신화는 거짓에 관해서도 무릎을 치게 하는 통찰을 줍니다. 평범한 사람들은 거짓이 진실의 정반대에 있다고 여깁니다. 그런데 그리스 신화에서는 많이 다릅니다.

그리스 신화에서 거짓의 신은 돌로스Dolos입니다. 돌로스는 속임수와 기만을 의인화한 정령daimon으로, 고대의 전승에서는 '밤의 여신' 닉스Nyx의 후손으로 여깁니다. 어둠과 혼돈에서 비롯된 존재라는 점에서, 거짓에 대한 우리의 인상과 크게 다르지 않습니다.

그런데 돌로스와 관련된 고대 그리스인들의 우화는 거짓이란 무엇인지에 대한 우리의 통념을 조용히 흔들어놓습니다. 돌로스의 스승은 인간을 창조한 프로메테우스Prometheus였습니다. 어느 날 프로메테우스는 흙으로 진실의 여신 알레테이아의 형상을 빚었습니다. 그의 제자 돌로스는 그 모습을 엿보다가 호기심과 욕망에 사로잡혀 똑같은 조각상을 몰래 만들기 시작했습니다.

돌로스는 스승이 만든 알레테이아의 형상을 완벽히 흉내 냈습니다. 얼굴의 표정, 손끝의 곡선, 심지어 눈빛까지도. 하지만 돌로스에게는 흙이 조금 모자랐습니다. 그때 마침 스승 프로메테우스가 돌아왔고, 돌로스는 조각상의 발을 완성하지 못한 채 그 자리에서 도망쳤습니다. 자신이 한 일에 대한 두려움에 사로잡혔던 것이지요.

프로메테우스는 두 조각상을 보고 깜짝 놀랐습니다. 어느 것이 자신의 작품인지 구분할 수 없을 만큼 닮아 있었기 때문입니다. 결국 그는 두 조각상 모두에 숨결을 불어넣었습니다. 그러자 진실의 여신 알레테이아는 앞으로 걸어 나갔지만, 발이 완성되지 않은 돌로스의 모조품은 그 자리에서 움직이지 않았습니다.

이 우화는 참으로 놀라운 깨달음을 전합니다. 거짓은 진실의 반대가 아니라 진실을 빼닮았다는 극적인 통찰입니다. 아무리 교묘한 거짓이더라도 불완전할 수밖에 없지만, 해악이 큰 거짓일수록 진실을 빼닮았다는 절묘한 은유입니다.

시간이 진실을 낳고, 진실을 빼닮은 거짓일수록 더 위험하다는 통찰은, 오보와 가짜뉴스에 대한 우리 인식의 지평을 넓힙니다. 사실 우리의 경험도 그와 크게 다르지 않습니다. 진실은 알레테이아가 걸어 나가듯 계속해 또 다른 진실의 바탕이 됩니다. 하지만 거짓은 아무리 진실을 빼닮았더라도 그런 구실을 할 수 없고, 결국 언젠가 정체가 탄로 나는 것입니다. 그래서 고대인의 지혜는 디지털 시대를 사는 우리들에게 이렇게 속삭이는 듯합니다. "새빨간 거짓이 아니라, 진실을 너무도 빼닮은 거짓을 먼저 경계하라."

아무리 오보와 가짜뉴스 같은 거짓 정보가 판을 쳐도, 거짓이 실체를 드러내는 시간이 짧아진다면 사회는 건강을 유지할 수 있습니다. 그러나 그 시간이 길어질수록 거짓은 깊게 뿌리내리고 사회는 병들어 갑니다. 하지만 진실을 빼닮은 거짓일수록 정체가 탄로 나는 데까지는 긴 시간이 걸리기 십상입니다. 따라서 거짓과의 싸움에서 가장 중요한 것은, 거짓들의 본색이 드러나는 시간을 얼마나 단축하느냐, 그리고 뻔한 거짓말이 아니라 진실을 빼닮은 거짓을 어떻게 구별하느냐입니다.

이미 널리 알려진 얘기지만, 10년 전인 2016년 옥스퍼드 영어사전편찬위원회는 '탈진실post-truth'을 그 해의 단어로 선정했습니다. 탈진실은 '사실보다 감정이, 진실보다 믿음이 더 강한 힘을 가지는 상태'를 뜻하는 단어입니다. 그즈음부터 탈진실은 사회의 분열과 정치적 갈등, 나아가 민주주의 위기를 이해하는 열쇳말이 됐습니다.

탈진실 시대와 실과 바늘처럼 지목되는 것이 바로 '가짜뉴스fake news'입니다. 많은 사람들은 가짜뉴스가 탈진실이라는 시대적 팬데믹을 야기한 치명적인 바이러스라고 생각합니다. 그래서인지 너도나도 가짜뉴스의 실태와 폐해를 비판하기에 바쁩니다. 그 가운데에서도 제일 선두에 선 이들은 정치인들과 전통 언론입니다. 이들은 마치 자신들은 아무 관계가 없는 양 생각하고 행동합니다. 하지만 잘 따져볼 대목이 있습니다.

먼저 이들 모두 가짜뉴스나 오보 같은 거짓 정보의 생산에서 결코 자유롭지 않다는 점입니다. 예나 지금이나 유력 정치인과 전통 언론의 거짓 정보가 인류에게 남긴 상흔은, 소셜 미디어나 소규모 인터넷 매체들의 가짜뉴스와는 비교할 바가 안 됩니다. 유통 기한도 길고, 도달 범위도 광범위하며, 사람들의 신뢰 수준도 높기 때문입니다.

게다가 가짜뉴스와 관련해 우리가 지금 마주하는 현실은 생각보다 단순하지 않습니다. 세계 곳곳의 권력자들과 정치인들이 '진실'에 대고 주저 없이 '가짜뉴스'라는 딱지를 붙이는 일이 날마다 벌어집니

　　　　　　　　　욕망의 덫, 오보와 가짜뉴스

다. 또 많은 이들은 그 딱지를 부적처럼 가슴에 품고 있으며, 이는 그 정치인의 단단한 지지 기반이 되고 있습니다. 그래서 어쩌면 가짜뉴스의 또 다른 폐해는 진실이 가짜뉴스라고 공격받는 데 있는지 모릅니다. 무엇보다도 가짜뉴스를 비판한다며 가짜뉴스를 퍼뜨리는 역설적 상황이 우리를 또 한 번 어지럽게 하고 있습니다.

가짜뉴스 혹은 거짓 정보의 개념도 통념보다 복잡합니다. 뉴스나 정보에 포함된 거짓 정보의 형태나 양, 의도성 여부 등에 따라 다양한 층위로 분류되기 때문입니다. 무엇보다 어디서부터가 가짜뉴스이고, 어디서부터가 징치의 대상으로 삼아야 할 부도덕한 가짜뉴스인지를 구별하는 일이 쉽지 않습니다. 거짓 정보의 고의성을 판단해야 하지만, 거짓을 전한 인간의 뇌리를 해부하고 기억을 완벽히 재구성해내지 않는 한 거짓 정보의 의도성 여부를 완전히 확인하기란 어렵다는 말입니다.

영화의 한 장면처럼 먼 훗날 과학이 더욱 발달한다면 가짜뉴스를 구별하는 게 혹시 가능해질지 모르겠습니다. 그러나 그런 날이 오기는 요원하고, 인간의 의도를 과학을 통해 해부한다는 것이 윤리적으로도 환영할 일은 아닙니다. 그 때문에 오보의 고의성이나 과실의 정도를 판별하기가 쉽지 않다는 것은 거짓 정보를 다루는 법과 제도가 언제나 역기능을 낳을 수 있음을 시사합니다. 나라마다 가짜뉴스 대책이 제각각일 수밖에 없는 이유도 바로 여기에 있습니다.

거짓 정보에 관한 학자들의 분류와 개념은 본문의 중반부에서 다룹니다. 그전까지 독자 여러분은 대체로 의도성이 적고 진실을 빼닮은 거짓 정보를 오보misinformation로, 의도성이 강하고 비교적 쉽게 거짓임이 드러나는 정보는 가짜뉴스disinformation, 혹은 fake news로 이해해주시길 바랍니다.

⧖ 거짓에 생명을 불어넣는 시대와 사람들

다시 탈진실 시대의 얘기로 돌아가겠습니다. 앞서 말씀드린 대로 탈진실은 '사실보다 감정이, 진실보다 믿음이 더 강한' 세태를 뜻합니다. 그러면 이 시대에 많은 사람들은 왜 자신의 감정이나 믿음에만 의존해, 성급하게 진위를 단정 짓고 또 이를 믿게 됐을까요?

저명한 경제학자 루이지 징갈레스Luigi Zingales를 비롯한 많은 지식인들은 이 현상의 근본적인 원인을 오랫동안 진실을 검증하고 수호해야 할 임무를 부여받았던 언론, 학계, 전문가 집단을 향한 대중의 신뢰 상실이 누적되어온 결과로 진단합니다. 이들이 지난 세기 후반 이후 기득권층의 편에 서기 시작했다는 대중의 집단적 각성에서 비롯됐다는 것입니다.

우리에게 진실을 전해야 할 이들이 기득권층을 위해 대중을 배신하자, 대중은 결국 그들의 의견이나 보도를 불신하고, 자신의 신념에 맞는 다른 목소리를 찾아 헤매게 되었다는 것입니다. 이 시대의 사람들이 어떻게 진실을 의심하게 되었는지를 생각해보는 것은 가짜뉴스와 오보를 근원적으로 이해하는 길입니다. 가짜뉴스와 오보는 전통 언

   욕망의 덫, 오보와 가짜뉴스

론과 전문가 집단에 대한 신뢰가 무너진 자리, 그 빈 공간에서 자라났기 때문입니다.

가짜뉴스와 오보는 그것을 받아들이는 환경이 갖춰진 사회에서 비로소 영향력을 갖습니다. 사람들이 스스로 보고 싶은 것만 보고, 믿고 싶은 것만 믿으려는 본성에 기름을 붓는 환경입니다. SNS 알고리즘, 유튜브 추천 시스템 등 디지털 기술이 맞물릴 때, 거짓은 무럭무럭 자라나 사람들의 믿음이 됩니다. 거짓의 씨앗을 배양하고 자라나게 하는 온상은 바로 우리들 자신인 셈입니다.

예를 들어볼까요? 어떤 정보에 대한 사람들의 믿음은 거짓도 오랜 기간 진실로 통용되게 허락합니다. 이때 사람들의 통념이나 믿음은 진실이 드러나는 기간의 길고 짧음에 큰 영향을 끼칩니다. 태양이 지구를 돈다는 천동설은 수천 년간 인류가 믿었던 거짓입니다. 독자들이 책의 본문에서 확인하겠지만, 수년 혹은 수십 년가량 거짓이 진실 행세를 한 사례는 수도 없이 많습니다.

옥스퍼드 영어사전에도 등재됐다는 '내로남불Naeronambul'은 거짓 정보의 세계에서도 마찬가지입니다. 요즘 우리 사회에서는 나에게는 진실이 남에게는 가짜뉴스이고, 나에게 가짜뉴스가 남에게는 진실이 되는 일이 흔합니다. 같은 소식이라도 각자가 선호하는 채널에서 다른 버전의 정보를 소비하기 때문입니다. 이런 현상에도 그 핵심은 거짓 정보를 소비하는 사람들에게 있습니다.

이런 사정은 거짓 정보의 공급자들이 아니라 거짓 정보를 원하는 사람들에 대한 이해가 먼저 필요함을 웅변합니다. 이를 간과하면 거짓 정보에 대한 우리의 인식은 언제나 피상적인 수준에 머물고, 대처 또한 대증요법에 그칠 수밖에 없습니다. 이는 가짜뉴스에 맞서는 첫걸음이 거짓 정보의 공급자를 향한 기술적 검열이나 법적 제재가 아니라는 뜻이기도 합니다.

요컨대 돌로스가 만든 알레테이아에 숨을 불어넣은 프로메테우스는, 바로 오보와 가짜뉴스를 탓하는 우리들 자신입니다. 따라서 거짓 정보와 맞서려면 먼저 우리 자신을 돌아보고 이해해야 합니다.

⧗ 거짓과 함께 사는 인류의 숙명

우리는 가짜뉴스가 어느 날 갑자기 하늘에서 뚝 떨어진 것처럼 보는 경향이 강합니다. 이런 모습은 의식보다는 무의식에 가깝습니다. 어디에서 어떻게 왔는지 구체적으로 묻지 않는 탓입니다.

무엇보다 거짓 정보는 사람들을 유혹하는 데 큰 힘이 있습니다. 정보 이론의 창사자인 클로드 섀넌Claude Shannon에 따르면, 사람들은 정보량이 클수록 반깁니다. 그런데 정보량은 일어나기 힘든 일에 관한 정보일수록 큽니다.

이를테면 "아침에 해가 떴다"와 "아침에 불이 났다" 정보는 글자 수가 같아도, 실질적인 정보량에서 하늘과 땅만큼이나 차이가 큽니다. '뜻밖의 정보'일수록 사람들이 반긴다는 뜻입니다. 그런데 오보나 가짜뉴스들이 대부분 그런 정보들입니다. 사람들이 거짓 정보에 본능적

     욕망의 덫, 오보와 가짜뉴스

으로 눈과 귀를 기울이는 이유입니다.

그 때문에 인류 역사에서 가짜뉴스가 사라진 적이 없었습니다. 16~17세기 유럽에서 벌어진 종교 전쟁 시기가 대표적입니다. 당시 신교도와 구교도 사이에는 상대의 주장과 행동, 인물들에 대한 가짜뉴스가 홍수를 이뤘습니다. 이로 인해 수많은 사람들이 잔인한 살육의 현장으로 뛰어들었습니다.

근현대에 들어와 지구 곳곳에서 벌어지는 민족 간 혹은 국가 간 전쟁도 실은 가짜뉴스의 전쟁입니다. 지난 세기 최악의 참극 중 하나인 르완다 대학살(1994) 당시 후투Hutu족은 약 3개월여 동안 50만 명 이상의 투치Tutsi족을 살해했습니다. 이 살육자들을 부추긴 것 또한 아침마다 라디오를 통해 흘러나오는 가짜뉴스였습니다.

오늘도 전쟁을 치르는 러시아와 우크라이나에서는 가짜뉴스들이 넘쳐납니다. 이 거짓 정보들은 두 나라의 젊은이들을 사지로 몰아넣고 있습니다. 한반도에서 가장 처절했던 전쟁으로 꼽히는 한국 전쟁 당시에도 셀 수 없는 가짜뉴스들이 수많은 사람들의 고통과 비극을 낳았습니다. 지금 우리가 한국 사회의 가짜뉴스 문제를 갑자기 등장한 괴물 집단들처럼 인식하는 것은 우리의 눈에 시공간적으로 가까운 일만 크게 보이는 탓입니다.

거짓 정보는 시대와 사회를 막론하고 인류와 함께 공존해왔습니다. 세상에서 병균을 박멸하는 게 불가능하듯, 거짓 정보를 근절하는 것도 불가능합니다. 또한 병균을 다스리는 모든 약에 부작용이 있듯이, 거짓 정보를 규제하는 법과 제도에도 부작용이 있을 수밖에 없습니다.

그래서 인류와 공존해온 거짓 정보를 근절하고 발본색원하겠다는 생각은 아무리 뜻이 좋아도, 언제나 위험한 발상입니다. 거짓 정보의 근절책이 지닌 역기능이 언제나 큰 탓입니다. 자칫 가짜뉴스를 박멸하느라 병균이 아닌 유익균을 죽이는 것과 같은 우를 범하기 십상입니다.

실제로 가짜뉴스를 퇴치하기 위한 모든 법과 제도는 크든 작든 진짜 뉴스까지 위축시키는 결과를 낳습니다. 명예훼손 관련 법규는 가짜뉴스에 맞서는 가장 유효한 것으로 꼽히지만, 이를 강화할수록 돈 있고 힘 있는 자에 대한 언론의 감시 또한 약화시켰다는 게 학자들의 일관된 연구 결과입니다. 사실 학자들의 연구까지 거론할 필요도 없습니다. 독재 국가나 권위주의 체제에서 기성 언론이나 소셜 미디어를 탄압하는 빌미가 언제나 "가짜뉴스"였다는 사실을 우리 모두는 압니다.

가짜뉴스와 이에 대처하는 우리의 시각에도 방향 전환이 필요합니다. 질병에 맞설 때 가장 중요한 것이 평소 건강한 생활 습관을 어떻게 유지하느냐인 것처럼, 거짓 정보에도 마찬가지 관점이 우선되어야 합니다.

⧗ 디지털 시대의 빛과 그림자

지금까지 가짜뉴스에 대한 전문가들의 진단과 설명은 대부분

　　　　　　　　욕망의 덫, 오보와 가짜뉴스

만족스럽지 않았습니다. 한결같이 가짜뉴스의 폐해를 전하며 사람들의 공감을 얻지만, 우리 모두를 가짜뉴스의 수동적 피해자로만 자리매김했습니다. 거짓 정보를 다루는 전문가들의 시야각도 거짓 정보의 공급자들에게만 맞춰져 있습니다. 그러다 보니 비슷비슷한 관점과 진단을 천편일률적으로 반복하는 게 대부분입니다.

이제는 달리 보아야 합니다. '달리 본다'는 게 '바르게 본다'는 뜻은 아닙니다. 그러나 기존과 다른 시각과 관점을 얻는 것은 유의미한 일입니다. 지금껏 기존의 접근 방식으로 우리가 오보나 가짜뉴스와의 전쟁에서 일보의 진전도 이루지 못하고 있다는 점을 생각하면 더욱 그렇습니다.

또한 지금까지 많은 이들은 가짜뉴스를 도덕이나 윤리의 차원에서 바라봤습니다. 이런 경향이 틀렸다는 게 아닙니다. 규범적 혹은 이상주의적 접근만으로는 거짓 정보의 문제에 제대로 대처할 수 없습니다. '옳은 말'만으로는 세상을 바꿀 수 없다는 얘기입니다. 지식인들의 나르시시즘에 그칠 공산이 크다는 말입니다.

특히 가짜뉴스 같은 거짓 정보에 대한 눈길은 주로 인터넷과 소셜 미디어를 향했습니다. 하지만 우리는 가짜뉴스의 주된 공간으로 지목받는 인터넷과 소셜 미디어가 빛과 어둠을 함께 지니고 있다는 사실을 기억해야 합니다.

인류에게 정보의 풍요를 가져다준 디지털 시대의 빛은 어둠보다 결코 작지 않습니다. 그런데도 우리는 디지털 시대의 어두운 구석만 주로 듣고 있습니다. 이는 전통 언론이 자신들의 영향력을 약화시킨 소셜 미디어를 비롯한 뉴 미디어들의 부정적 측면을 주로 강조한 탓입니다. 그런데 여기서 중요한 것은 인터넷과 소셜 미디어들의 빛은 보존하면서 어둠만을 거세할 방법이 없다는 사실입니다. 둘 다 인간과 소셜 미디어 자체의 본성에서 유래하는 것이기 때문입니다.

어둠을 밝히는 소셜 미디어의 빛에 대해 생각해볼까요? 오늘날, 소셜 미디어 없이, 민주주의를 파괴하려는 시도에 맞서는 저항을 상상하기는 어렵습니다. 세계 어디에서나 가짜 민의를 바탕으로 민중을 탄압하는 이들이 제일 먼저 하는 짓도 자신들에게 누가 되는 소셜 미디어와 인터넷 커뮤니티를 통제하는 일입니다.

소셜 미디어 없는 미얀마 시민의 저항(2021~), 튀니지에서 이집트까지 이어진 '아랍의 봄'(2010~2012), 홍콩의 '우산 혁명'(2014), 서울의 광장을 가득 메운 한국의 '촛불 혁명'(2016~2017)과 '빛의 혁명'(2024~2025)을 상상할 수 있겠습니까? 소셜 미디어는 시민을 조직하고 참여를 추동하는 데 혁혁한 기여를 해왔습니다. 이는 많은 학자들의 연구에서 반복적으로 검증된 사실입니다. 특히 소셜 미디어는 미얀마처럼 전통 언론이 제구실을 못하는 곳에서 일상적으로 큰 힘을 발휘합니다.

하지만 그 이면에는 거짓 정보가 횡행하는 그림자 역시 존재합니다. 이 그림자는 단순히 디지털 기술이 낳은 문제만은 아닙니다. 뉴스 미디어의 역사를 돌아보면 가짜뉴스는 항상 뉴스 시장, 즉 언론 시장의 주도권이 변화할 때 극심해지기 때문입니다. 지금의 가짜뉴스 범람은 지난 세기를 풍미한 전통 언론, 신문과 방송의 권위 추락과 주도권

욕망의 덫, 오보와 가짜뉴스

상실과 맞닿아 있다는 얘기입니다.

앞에서 설명했듯이 가짜뉴스의 범람은 기존 언론이나 언론 시스템의 신뢰 추락 혹은 붕괴의 다른 모습입니다. 기성 언론의 보도를 믿지 못할수록 가짜뉴스는 더 쉽게 만들어지고 퍼져 나간다는 것입니다.

16~17세기 서구의 종교 전쟁은 가짜뉴스 전쟁이기도 했습니다. 그 당시는 인쇄 혁명으로 등장한 팸플릿 매체들이 본격적으로 등장해 서유럽 전체에 유통망을 갖추기 시작했습니다. 그 전까지 왕과 영주, 교황과 고위 성직자 등 지배 계층이 주도하던 뉴스 유통 채널과 그들의 정보 독점을 무너뜨렸습니다. 이른바 민중의 정보 민주화가 급진전된 때였습니다.

정보의 민주화는 한마디로 사람들이 향유하는 정보가 이전 시기에 비해 크게 늘어난다는 뜻입니다. 정보의 생산자와 공급자가 늘어나는 것도 당연하고요. 종교 전쟁의 시기나 지금의 디지털 시대의 공통점입니다. 종교 전쟁의 시기에는 정보가 담긴 종이 소책자가 서구 전역으로 퍼져 나갔고, 디지털 시대에는 엄청난 양의 정보가 실시간으로 전 지구촌을 뒤덮고 있습니다. 모두 그 전 시기에 비해 사람들이 접하는 정보가 절대적 양에서 폭증한 시대입니다.

그런데 정보의 총량이 늘면, 그 속에 포함된 거짓 정보가 함께 증가할 수밖에 없습니다. 이 때문에 거짓 정보의 절대량이 과거에 비해 증가한 것은 불문가지의 사실이라 할 수 있습니다(전체 정보 중에서 거짓 정보의 비중도 변화했는지에 대해서는 아직 학자들도 가늠하지 못하고 있습니다). 이처럼 거짓 정보의 증가는 한 사회에 공급되는 정보량 전체의 증가와 떼려야 뗄 수 없는 관계에 있습니다.

따라서 디지털 시대가 낳은 소셜 미디어의 어두운 면만 보면서 '규제'의 목소리만 높이는 일은 신중할 필요가 있습니다. 인류사에서 확인되어온 뉴 미디어들의 긍정성에 대한 안목도 잃어서는 안 될 것입니다. 이는 이 책에서 시종 소셜 미디어에 대해 차분한 시각을 유지하는 이유이기도 합니다.

책의 본문 읽기를 위한 안내

이 책은 크게 1부와 2부로 구성돼 있습니다. 1부에서는 '오보'를 다룹니다. 역사적 사례를 통해 오보가 등장하는 이유를 '오보의 수요와 공급' 같은 경제학자의 시선으로 살펴봅니다. 무엇보다 오보를 부르는 뉴스 소비자 쪽 요인을 따져보는 것은 새로운 시도입니다.

뉴스 시장의 메커니즘이 낳은 극적인 오보의 일화들도 소개합니다. '베를린 장벽이 무너졌다'는 오보가 반나절 새 실제로 베를린 장벽을 무너뜨린 사례가 그것입니다. 사실이 아님에도 모두가 기대하고 믿고 싶은 사실은, 오보조차 결국 결과적으로 진실이 되게 한 사례입니다. 이 사례는 '진실이 거짓으로부터 태어나는 역설'을 가장 생생하게 보여줍니다. 과도한 보도 경쟁 속에서 태어나는 오보 또한 그 배경에는 뉴스 소비자들의 요구와 욕망이 자리 잡고 있습니다. 이처럼 오보는 다분히 여러 사회 주체의 합작과 경합 속에서 배양됩니다.

　욕망의 덫, 오보와 가짜뉴스

나아가 세계사적 흐름까지 뒤흔들어 놓았지만, 지금은 오보라는 사실조차 잊혔거나 잘 알려지지 않은 사례들도 차고 넘칩니다. 하물며 그 오보들의 원인과 배경 등은 제대로 알려졌을 리 없습니다. 그런 점에서 이 책에서 소개하는 오보의 사례들은 그 자체로 흥미로운 동시에, 오보를 이해하는 새로운 시각을 선사할 것이라 믿어 의심치 않습니다.

1부를 읽고 난 독자는 이런 의문을 품을지도 모릅니다. 왜 가짜뉴스가 아닌 오보부터 얘기할까요? 답은 '깊게 파기 위해 넓게 파기 시작했다'라는 경구를 떠올려주신다면 틀리지 않습니다. 적잖은 차이에도 불구하고, 가짜뉴스는 오보의 21세기 판본으로 볼 수 있는 속성을 두루 갖추고 있습니다. 오보를 제대로 이해하지 못하면 가짜뉴스도 온전히 이해할 수 없습니다. 이는 그동안 가짜뉴스에 대한 논의가 공허했던 이유이기도 합니다. 2부는 1부의 논의를 이어받아, 오늘날 가짜뉴스가 범람하는 사회적, 역사적 맥락을 씨줄과 날줄로 촘촘히 짜 나가 보려 합니다.

오늘날 '가짜뉴스'라 불리는 현상은 단순한 허위 정보나 실수의 문제가 아니라, 여러 형태와 동기를 가진 복합적 현상입니다. 또한 가짜뉴스는 인류와 언제나 함께했습니다. 하지만 발전한 디지털 기술과 플랫폼 환경에서 사실과 거짓이 섞여 확산되는 속도는 역사상 유례가 없는 지경에 이르렀습니다. 가짜뉴스에 대한 사회적 우려가 그 어느 때보다 높고 가짜뉴스의 위험과 해악에 대한 사회적 공포가 커지는 것도 당연합니다. 특히 인간의 확증 편향, 디지털 플랫폼의 본성, 정치적 이해관계와 전통 언론의 쇠락이 모두 맞물릴 때 가짜뉴스는 결코 가벼운 문제가 아닙니다.

그럴수록 차분해질 필요가 있습니다. 가짜뉴스의 영향력에 대해서도 부정확한 정보가 많기 때문입니다. 2부에서는 가짜뉴스와 관련한 인간의 본성, 역사적 맥락과 조건 등을 살펴보면서, 경험과 추측이 아니라 객관적 현실에 기반한 이성적 이해로 오늘의 정보 환경을 바라보도록 안내합니다.

이 책을 다 읽은 독자는 의도하지 않은 오보에서부터 의도적인 가짜뉴스에 이르기까지, 이를 낳는 주인공들이 단지 거짓을 퍼뜨리려는 사람들이 아니라 평범한 인간과 사회임을 이해할 것입니다. 특히 규범적이고 당위적인 접근만으로는 오보든 가짜뉴스든 거짓 정보의 생산과 유통을 이해하기 어렵고, 최선의 언론 환경을 구현하는 데에도 한계가 있음을 인식하기를 기대합니다.

현재 뉴스 시장에 대한 경제학적 연구와 이해는 이미 상당한 성과를 내고 있습니다. 거짓 정보의 공급과 수요에 관해서도 이를 수요와 공급의 시장 원리를 바탕으로 한 경제학적 시선은 현실적이고도 유용한 접근입니다. 그러나 이러한 성과들이 지금까지는 대중에게 거의 전해지지 않았습니다. 발 없는 말이 천리를 가는 이유나 터무니없는 가짜뉴스가 수많은 사람들에게 확산되는 이유는 그것을 듣고 전하려는 사람들, 진위를 떠나 그런 정보를 원하는 뉴스의 소비자들의 수요가 있기 때문이라는 말로 이 책에 녹아 있는 저자의 관점을 전합니다.

속이 시원할 만한 가짜뉴스와 오보에 대한 구체적 해법을 기대한

　　　　욕망의 덫, 오보와 가짜뉴스

독자들에게는 이 책이 다소 실망스러울 수 있습니다. 오보나 가짜뉴스 근절책을 구체적으로 다룬 책은 아니기 때문입니다. 그러나 인식이 달라지면 그에 걸맞은 해법은 자연스럽게 따라올 것입니다. 저자로서는 염치없는 말이지만, 독자 한 분 한 분의 관심과 의지가 모여 우리 사회가 좀 더 현실적인 해법 찾기로 이어지길 기대합니다.

부디 우리 자신과 권력, 금력, 그리고 그릇된 욕망이 만들어내는 거짓 정보와의 싸움에서, 이 책이 독자들의 인식의 지평을 넓히는 단단한 지침서가 되기를 바랍니다. 거짓 정보의 유혹에서 벗어나는 첫걸음은, 결국 우리 자신을 돌아보는 용기에서 시작될 것입니다.

묻혀 있던 원고에 세상의 빛을 보게 해준 인물과사상사 강준우 대표에게 깊은 감사의 마음을 전합니다.

2026년 3월

양상우

위험한 '합작' 오보

대부분의 사람들은 오보가 저널리스트에 의해서만 생겨난다고 여긴다. 그러나 '짝퉁'이나 '불량 식품'이 시장에 나오는 게 오로지 공급자 때문이라고 할 수 없듯이, 오보도 뉴스 공급자에게서만 원인을 찾을 수는 없다. 오보가 태어나는 이유도 손뼉을 마주쳐야 소리가 나는 이치와 다를 바 없다.

사람들이 보고 싶어 하는 뉴스일수록 수요도 크다. 이 때문에 사람들이 반기는 뉴스가 세상에 등장하면, 순식간에 온 사회로 퍼져 나간다. 거짓 정보가 담긴 오보라고 해도 예외가 아니다. 많은 뉴스들은 사람들이 곧바로 진위 여부를 파악하기 어려운 탓이다. 특히 진실을 빼닮은 데다 예상치 못한 충격적인 소식인 데다 많은 사람들이 반기는 오보일수록 거짓 정보는 그저 '허튼 소리'에 그치지 않는다. 수많은 사람들이 '진실'이라고 받아들인 '거짓'은 사회를 격랑으로 몰아넣으며 세상을 뒤집고 역사를 바꾼다.

확증 편향

– 거짓을 키우는 토양

그렇다면 오보들은 왜 세상에 나오는 것일까? 가장 근본적인 이유는 뉴스의 소비자와 공급자가 지니고 있는 인간의 본성과 한계다. 그 대표적인 게 인간이면 누구나 지닌 확증 편향이다. 확증 편향은 사람이 갖고 있던 생각이나 판단에 부합하는 정보는 받아들이고 그렇지 않은 정보는 무시하는 경향이다. 확증 편향은 뉴스의 진위를 따질 겨를을 주지 않을뿐더러 이성적인 판단도 쉽게 거세한다. 확증 편향은 거짓 정보의 생산과 유통을 잉태하는 '토양'이라 할 수 있다. 이때 오보가 지닌 선정성은 그 토양을 비옥하게 하는 '비료'다.

또한 대체적으로 뉴스 미디어의 오보는 그 미디어가 지닌 편향과도 맞닿아 있다. 미디어의 편향적 보도 태도가 심화하다가 '임계점'을 넘는 순간 오보를 낳기 때문이다. 그런 점에서 오보에 대한 이해는 미디어가 지닌 편향에 대한 이해와 결이 같다.

무편향

– 오보를 마음껏 그릴 수 있는 백지

오보의 원인은 확증 편향만이 아니다. 때로는 아이러니하게도 그 반대, '심리적 무장해제 상태'에서도 거짓이 자란다. 심리적 무

　　　　　　　　　　　　　욕망의 덫, 오보와 가짜뉴스

장해제 상태란 사람들에게 확증 편향이 아예 없는 상태를 뜻한다. 더 구체적으로 표현하면, 뉴스의 진위를 사람들이 평가하거나 확인할 수 있는 심리적 판단 기준이 마비된 '무지無知(아무것도 모름)'의 상태다. 이는 순간적으로 사람들을 무편향無偏向 상태에 놓이게 한다.

물론 인간은 이런 식의 상태에 오래 놓여 있기 어렵다. 인간은 쉼 없이 정보를 인식하고 생각을 업데이트하며 자신만의 인지 편향(확증 편향)을 형성하기 때문이다. 따라서 무편향 상태는 그다지 길지 않은 순간에만 가능할 뿐이다. 자신의 나라에 전쟁이 일어나거나 눈앞에서 대형 재난이 발생하는 일 같은 충격적인 경우다. 너무 놀라 판단이 멈춘 상황이라고 할 수 있다.

이런 무편향 상태에 놓이는 사람은 거짓 정보를 공급하려는 이들에게 좋은 먹잇감이 된다. 마치 마음껏 그림을 그릴 수 있는 '백지' 같은 존재이기 때문이다. 대부분의 사람들은 무편향 상태에 놓이면 오보 같은 거짓 정보도 별다른 심리적, 이성적 저항 없이 사회적으로 수용된다.

오보로 가는 급행열차를 타는 언론인들
– 경쟁과 인지적 한계

오보를 낳는 또 다른 원인은 뉴스 공급자 사이의 경쟁이다. 뉴스 미디어들은 뉴스 소비자의 눈과 귀를 먼저 잡으려 치열하게 경쟁한다. 대체로 이런 경쟁은 사건의 전모를 파악하는 정확한 보도보다, 자극적이고 신속한 보도로 뉴스 소비자를 획득하는 쪽으로 뉴스 공급자들을 내몬다.

다행히 뉴스 공급자 간의 과열 경쟁으로 생겨난 특정 언론의 오보는 대개 유통 기간이 짧고 세상을 바꾸는 에너지도 약하다. 하지만 일상적이고 반복적으로 뉴스 시장에 공급되는 특징을 갖는다. 이런 오보는 전염력이 크지만 치명률은 작아 세상에서 사라지지 않는 바이러스 같은 존재다.

저널리스트 같은 뉴스 공급자도 뉴스 소비자와 마찬가지로 일상적이고 다양한 편견에 사로잡혀 있고, 감정을 지닌 존재다. 취재와 보도 과정에서 필요한 의사 결정을 할 때는 답안을 작성하는 수험생처럼 시간의 제약을 겪는다. 인간이면 누구나 갖고 있는 이런 인지적 한계도 오보의 원인이 된다. 특히 과도한 속보 경쟁이 벌어질 때는, 뉴스 공급자의 인지적 한계가 오보에 이르는 급행열차의 구실을 하게 된다.

여러 원인이 복합적으로 작용해 탄생하는 오보

오보는 뉴스 소비자의 확증 편향이나 무지, 뉴스 미디어의 경쟁과 뉴스 공급자의 인지적 한계 가운데 어느 하나만으로 세상에 나오지는 않는다. 거의 대부분, 일부 혹은 전부가 복합적으로 작용해 생겨난다. 오보는 겉보기에 뉴스 생산자만의 단독 행위 같지만, 본질적으

 욕망의 덫, 오보와 가짜뉴스

로 뉴스 소비자와 생산자가 가진 고유의 본성이 상호작용해 생겨나는 구조적 현상이다. 따라서 우리는 뉴스 소비자와 공급자의 상호작용이라는 구조적 틀로 오보를 이해할 필요가 있다.

'진실 전달'이라는 당위와 규범을 최우선으로 두는 저널리즘 학계나 일선 저널리스트들의 관점에서 보면, 거짓 뉴스를 공급하고 이를 반기는 일들은 그저 '있어서는 안 될 일'이다. 이처럼 오보를 뉴스 공급자의 부주의나 의도의 결과로, 혹은 정상에서 벗어난 일탈로 여긴다면 오보가 사라지지 않는 세상을 이해하기 어렵다.

하지만 오보가 소비자와 공급자의 상호작용, 인간의 인지적 한계, 경쟁 등 구조적 원인으로 비롯된다고 이해하는 뉴스 미디어 경제학의 세계에서는 오보가 상존하는 세상은 납득 가능한 일이자 흥미로운 연구 대상이다. 특히 사회적 문제로 떠오른 '가짜뉴스'의 문제를 이해하거나 해결하는 데도, 경제학의 시선은 뉴스 공급자만이 아니라 뉴스 소비자와 뉴스 시장에 관한 구조적 해법으로 향한다.

오보의 메커니즘에 관한 이해

지금부터는 우리가 겪은 대표적 오보 사례들을 몇 가지로 분류해 독자들에게 소개한다. 그에 앞서 독자들이 유의할 점이 있다. 먼저, 오보는 무수히 많다. 과거는 물론 지금 이 순간에도 숱한 오보들이 나오고 있다. 이 때문에 사회 구성원 개개인은 물론 사회적 차원의 피해도 가볍지 않다. 그러나 이 책에서 오보의 사례들을 소개하는 것은 오보 그 자체가 아니라, 오보의 구조적 배경과 동인을 효과적으로 설명하기 위함이다. 이를 통해 사라지지 않는 오보의 메커니즘을 이해하려는 시도다.

이 오보의 사례들은 오보를 낳은 가장 주요한 원인을 기준으로 분류해 설명한다. 하지만 거의 모든 오보는 앞에서 언급했듯이 뉴스 소비자(와 공급자)의 확증 편향이라는 '토양' 위에 여러 원인들이 '비료'처럼 더해지며 복합적으로 작용해 생겨난다. 특히 복합적으로 작용하는 여러 원인이 많고 강력할수록 '진실'을 잠재우는 오보의 힘은 비약적으로 커진다.

참고로 1부에서 소개하는 믿기 어려울 정도로 기막힌 오보들은 모두 당대의 유력 언론에 의한 것임을 먼저 밝혀둔다. 이제 뉴스 소비자와 뉴스 생산자가 합작하는 가볍지 않은 오보의 역사 속으로 들어가 보자.

1장

진실을 삼키는 블랙홀 인간의 욕망

오보가 역사와 사회를 바꾼 몇몇 사례들은, 실제 사실이나 진실보다 뉴스 소비자의 기대나 편향이 얼마나 더 강력한지를 드러낸다. 이런 오보들은 작은 불티에도 큰불로 이어지는 바싹 마른 초목처럼, 수많은 사람들의 동일한 확증 편향이 그 필요조건이다. 그리고 이런 확증 편향은 뉴스 소비자가 갖고 있는 강렬한 욕망에서 태어난다.

역사와 상식을 바꾼 오보들을 보면, '진실'보다 더 강력한 것은 사회 구성원들의 편향된 믿음이었다. 이런 확증 편향은 오보를 만나 엄청난 사회적 에너지로 분출되거나, 수천 년간 진실을 침묵시켰다. 최소 1400년 동안 지동설地動說을 침묵시킨 천동설天動說을 포함해 이런 사례는 너무도 많다. 여기에서는 근대 언론의 등장 이후로 한정해, 사회를 뒤흔들며 가히 역사를 바꿨다고 할 만한 대표적인 오보 사례 둘을 살펴본다. 독일 통일의 염원을 이루게 한 1989년의 '베를린 장벽 붕괴 오보'와 한반도에 분단이라는 비극을 낳은 1945년의 '신탁통치 오보'다.

1.1. 베를린 장벽 붕괴 오보
– 뉴스 소비자의 '확증 편향'과 뉴스 공급자의 '경쟁'

"베를린 장벽이 무너졌다."

1989년 11월 9일 오후 7시(현지 시각)를 조금 지나 이탈리아의 통신사 '안사ANSA, Agenzia Nazionale Stampa Associata'는 전 세계를 놀라게 하는 동베를린발 긴급 뉴스를 타전했다. 동독 주민의 여행 제한 조치를 완화한다는 독일민주공화국(동독) 정부 대변인 귄터 샤보프스키Günter Schabowski가 주관한 기자회견이 끝난 지 몇 분 지나지 않은 때였다. 이날 기자회견의 내용에는 획기적인 내용이 없었다. 동독인의 출국 허용 지점을 국경 검문소 전체로 확대하고 여권 발급 기간을 단축한다는 수준이었기 때문이다.

그런데 기자회견이 끝나갈 무렵, 안사통신의 베를린 특파원 리카르도 에르만Riccardo Ehrman과 서독 일간지 『빌트Bild』의 특파원 피터 브링크만Peter Brinkmann 등 몇몇 기자들의 질문이 나왔다. 샤보프스키는 "언제부터 시행되느냐?"는 에르만의 질문에 "내가 아는 한 즉시"라고 답했다. 이어진 "서베를린에도 적용되느냐?"는 브링크만의 질문에 샤보프스키는 "그렇다"고 답했다.

당시 회견장에 있던 동독 기자들뿐 아니라 대다수 서독 기자들도 반응이 시큰둥했다. 동독 정부의 여행 제한 조치 완화에 대한 샤보프스키의 답변을 전후 맥락으로 보면, 베를린 장벽의 제거는 물론 동서독의 국경 개방과도 무관했기 때문이다.

하지만 에르만은 달랐다. 그는 '여행 제한 조치 완화'를 즉각적인 '국경 자유 통과 조처'로 여겼다. 이 장면을 지켜본 동독 주민들 가운데서도 에르만과 같은 착각을 한 이들이 있었다. 그들은 동서 베를린 사이의 국경 검문소로 몰려나왔고, 그 사이 에르만도 기자 회견장 인근의 국경 검문소에서 이 장면을 목격했다. 흥분에 빠진 에르만은 곧

1989년 11월 9일 밤, 베를린 장벽 붕괴를 기뻐하는 사람들.

장 전화통을 붙잡고 안사통신의 편집국으로, 다시 안사통신은 "베를린 장벽이 무너졌다"는 역사적 오보를 전 세계로 타전했다.[1]

이 시각, 서독의 언론들은 동독 정부의 '여행 제한 조처 완화' 등 기자회견 내용을 담은 뉴스를 차분하게 준비 중이었다. 그런데 안사통신의 '긴급' 뉴스를 접한 주요 서방 통신사들이 같은 보도를 느닷없이 쏟아내기 시작했다. 이어 전 세계의 언론사 편집국은 콩 볶듯 시끄럽고 분주해졌다. 결국 기자회견이 끝나고 채 한 시간이 지나기 전 서독의 주요 텔레비전 방송들도 동서 베를린 사이의 국경이 개방됐다는 보도를 쏟아냈다.

이들 보도는 수많은 동서독 주민을 베를린 장벽으로 몰려들게 했다. 그리고 이 상황은 뉴스 미디어를 통해 다시 전 세계로 전해졌다. 느닷없이 몰려든 엄청난 인파를 마주한 동독의 국경수비대원들은 속수무책이었고, 몰려든 군중들은 이미 한편에서 장벽을 부수기 시작했다.

결국 그날 밤 11시 29분, 보른홀머 슈트라세 검문소의 문이 활짝 열렸다. 곧이어 서독의 제1공영 방송 ARD의 심야 시사프로그램, 〈하루의 주제(타게스테먼Tagesthemen)〉'의 앵커 한스 요아힘 프리드리히Hanns Joachim Friedrichs는 이렇게 말했다. "11월 9일은 역사적인 날이다. ……(베를린) 장벽의 문은 활짝 열려 있다."

오스트리아 일간지 『디 프레세Die Presse』의 특파원으로 이날의 기자회견에 참석했던 에발트 쾨니그Ewald König는 훗날 "독일 역사상 가장 황당하고 운 좋은 밤이었다"라고 회고했다.[2] 이처럼 동독 정부의 '여행 제한 완화'는 순식간에 믿기 어려울 만큼 큰 의미의 도약을 거쳐

    욕망의 덫, 오보와 가짜뉴스

'베를린 장벽 붕괴'로 이어졌다. 베를린 장벽의 붕괴가 불과 1년 뒤 통독의 전기가 된 것은 우리 모두 아는 일이다.

베를린 장벽의 드라마틱한 붕괴에는 듣는 이에게 혼선을 준 샤보프스키의 실언성 대답도 한몫했다. 하지만 동독의 베를린 장벽 개방은 서독과 협의 없이 동독의 일방적 조처로 이뤄질 수 있는 사안이 아니었다. 또 제2차 세계대전 승전국으로 베를린을 분할해 관리하고 있던 미국, 영국, 프랑스, 소련과 사전 논의 없이 가능한 일도 아니었다. 기자회견 내용이나 전후의 맥락으로 봐도 안사통신의 보도는 명백한 오보였다.

그렇다면 이 오보는 왜 쓰나미처럼 번져 나갔을까? 또 이 오보는 어떻게 '베를린 장벽 붕괴'를 현실로 만들었을까?

첫째, 이날의 '베를린 장벽 붕괴'라는 오보가 현실이 된 극적인 역사는 뉴스의 진위를 따지는 일이 사람들의 욕망 앞에서 얼마나 취약한지를 잘 보여준다. 베를린 장벽 제거를 원하던 동서독인들의 욕망은 '오보'를 접하고도 전후의 맥락을 따져보거나, 최소한의 합리적 의심을 할 여지도 그들에게 남겨두지 않았다.

이미 1989년 9월 들어 동독인들의 개혁·개방 운동은 라이프치히에서 시작돼 동독 전역의 시위로 확산되어 있었다. 그 여파로 한 달여 만에 동독 공산당 서기장 에리히 호네커Erich Honecker가 사인했고, 동독 정부도 여행 제한 완화 조처를 내놓았지만, 성난 민심을 달래기는 역부족인 상태였다. 자유와 개방을 향한 동독인들의 열망이 최고조에 올라 있었던 것이다. 동독의 민심은 마치 작은 불티 하나가 산 전체를 태울 만큼 바싹 마른 초목과 같았던 셈이다.

이런 상황을 근거로 혹자는 베를린 장벽의 붕괴는 필연이었으며, 당시의 오보는 세상을 바꾼 게 아니라 단지 그 시기를 조금 앞당긴 데 불과하다고 말하기도 한다. 그러나 이를 인정하더라도, 세상을 바꾼 것은 '진실을 전한 뉴스'가 아니라 대중의 '욕망'과 그에 바탕을 둔 '확증 편향'이었음을 부정할 수는 없다. 욕망과 확증 편향은 오보의 '작은 파도'를 '쓰나미'로 바꾼 거대한 에너지였다.

다음으로는, '저널리스트의 인지적 한계'와 '과도한 속보 경쟁'이다. 적당한 '무지'와 명확한 '인지적 한계'를 지녔던 에르만의 '순간의 착각'은, 전 세계의 수많은 언론과 저널리스트들에게도 그대로 전염되었다. 초대형 사건일수록 '더 빨리' 전달해야 한다는 그들의 강박과 긴장은 최고조를 향해 줄달음친다.

세계적인 유력 언론들도 치열한 속보 경쟁 속으로 빠져들었고, '프로페셔널'이라 자부해온 저널리스트들의 이성은 '작동 중단' 상태에 빠졌다. 특히 이때 뉴스 공급자들이 벌인 경쟁은 어떤 도시에서 발행되는 몇 개의 신문과 방송이 벌인 경쟁이 아니었다. 전 세계 수많은 언론들이 뛰어든 전 지구적 차원의 경쟁이었다.

오보들은 많은 인파를 베를린 장벽으로 불러냈고, 그 인파는 다시 오보들을 확대 재생산했다. 많은 뉴스 미디어들이 예외 없이 한목소리를 낼 때, 오보의 효과는 폭발적으로 증폭된다. 특히 뉴스 소비자의 확증 편향과 저널리스트들의 확증 편향이 완벽하게 합치되면, '(지구가 태양을 도는 대신) 태양이 지구를 돈다'는 '사회적 진실'도 만들어낼 수 있

　　　　　　　　　　욕망의 덫, 오보와 가짜뉴스

다고 하겠다.

요컨대 작은 불티 하나로 산 전체를 순식간에 태울 만큼 초목이 바싹 말라 있는 상황에서 '불티' 하나가 떨어져 산 전체를 불태웠다면, 그 근본 원인은 무엇이라고 해야 할까? '불티'인가? 아니면 '바싹 말라 있었던 초목'인가? 사람마다 다른 답을 내놓을 수는 있다. 그렇지만 누구도 뉴스 소비자의 욕망과 그에 바탕을 둔 확증 편향을 오보의 '원인'에서 제외할 수는 없을 것이다.

1.2.   한반도 신탁통치 오보

– 뉴스 소비자의 '확증 편향'과 뉴스 공급자의 '진영 논리'

베를린 장벽 붕괴 오보가 뉴스 소비자의 욕망과 확증 편향이라는 '필요조건'과 저널리스트들의 인지적 한계, 그리고 전 세계 뉴스 미디어들의 속보 경쟁이라는 '충분조건'에 의해 로켓처럼 치솟아 올랐다면, 한국의 역사를 바꾼 1945년의 '신탁통치 오보'도 결코 그에 못지않았다.

그리고 신탁통치 오보에는 베를린 장벽 붕괴 오보에 없던 요인이 하나 더 있었다. 좌와 우의 정치적 이념에 따른 배타적인 신영 논리가 그것이었다. 해방 정국의 한국은 좌와 우로 쪼개져 극심한 진영 논리에 사로잡혀 있었다. 정치인은 물론 언론과 언론인들도 예외가 드물었고, 뉴스 소비자인 대다수 한국인들도 이에 큰 영향을 받고 있었다. 요즘같이 진영 논리가 팽배한 한국 사회에서도 깊이 되새겨볼 사례다.

그런 가운데 우파 색채가 분명했던 한 신문사가 오보라는 '열쇠'로 한반도의 분단 고착화라는 '비극의 문'을 활짝 열어 젖혔다. 1945년 12월 27일, 미군이 점령한 남한 지역의 대표적 신문이었던 『동아일보』는 「소련은 신탁통치 주장, 소련의 구실은 38선 분할 점령, 미국은 즉시 독립 주장」 제하의 기사를 1면 머리기사로 보도했다. 모스크바에서 승전 3국의 외상들이 모여 해방된 한국의 운명을 좌우하는 회담의 공식 결과가 발표되기 하루 전이었다.

보도의 파장은 심대했다. 외세의 어떤 통제나 지배 없는 독립된

1945년 12월 27일자 『동아일보』.

                                                욕망의 덫, 오보와 가짜뉴스

나라를 염원했던 한국인들의 충격은 이를 데 없이 컸다. '신탁통치'는 마치 일제 식민지 시대로의 회귀같이 받아들여졌다. 신탁통치를 주장한 소련에 대한 반감도 펄펄 끓어올랐다.

하지만 『동아일보』의 이 기사는 다음 날 발표된 모스크바 3상 회의의 실제 결과는 물론, 전후 국제 정세의 맥락과도 전혀 부합하지 않

1945년 12월 모스크바 3상 회의 결정 내용이 담긴 벽보를 보는 이들(출처 국사편찬위원회). ⬆

신탁통치 반대 시위에 참여한 시민들이 1945년 12월 서울 중앙청 앞을 행진하고 있다(출처 국사편찬위원회). ➡

는 명백한 오보였다. 당시 신탁통치를 주장한 쪽은 미국이었고,[3] 즉각적인 임시정부를 주장한 쪽은 소련이었기 때문이다. 소련은 당시 한반도에서는 좌파 진영이 우세해[4] 좌파 정부가 들어설 수 있다는 현실 인식을 하고 있었다.

이런 두 나라의 기조는 모스크바 3상 회의에서도 크게 다르지 않았다. 『동아일보』 보도 다음 날 발표된, '조선에 (통일된) 임시정부를 수립하되, 미·소 공동위원회를 구성하고 조선의 임시정부와 상의해 최대 5년간의 신탁통치안을 작성한다'는 회의 결과도 미국과 소련의 이런 견해를 절충한 것이었다.

이 보도의 파장은 『동아일보』와 우익 세력이 바라던 대로 흘러갔다. '진실'은 사라졌다. 대신 『동아일보』의 오보는 남한의 많은 한국인들에게 의심의 여지없는 '믿음'을 획득했다. 즉각적인 독립을 향한 대다수 한국인들의 염원은 『동아일보』의 보도 이후 신탁통치 세력이 되어버린 소련과 좌익 세력에 대한 거센 반대의 불길로 변해 타올랐다. 이 불길은 그해 연말을 거쳐 이듬해인 1946년 이후로도 꺼지지 않았다. 그 기간 내내 정국은 '신탁통치 반대'와 '신탁통치에 찬성하는 좌익 세력에 대한 규탄'에 휩싸였다.

특히 이 과정에서 『동아일보』를 비롯한 우익 진영의 신문들은 애초 오보를 바로잡기는커녕, 첫 오보와 유사한 맥락의 보도를 이어가며 성난 민심에 줄기차게 '기름'을 부었다. 이 신문들은 사실의 전달보다 진영 논리에 따른 우익의 선전 선동 미디어로 전락했다. 또 이에 자극받은 남한의 한국인들에게 반탁운동은 '제2의 독립운동'으로 자리매

　　　　　　　　　　　　　　　　　　　욕망의 덫, 오보와 가짜뉴스

김됐다.

　　결국 미국의 신탁통치안에 반대했던 소련은 모스크바 3상 회의에서 신탁통치안에 합의하면서 '통치권의 임시정부 귀속'을 관철했다. 그럼에도 남한의 많은 한국인들에게는 소련이 오히려 '악의 축'이 되어버렸다. 또 '통일된 임시정부 수립'을 위해 모스크바 3상 회의 결과를 수용했던 남한의 좌익은 소련의 '꼭두각시'로 규정되며 세력 약화를 겪었다. 반면에 우익은 남한의 단독정부 수립에 이르기까지 세를 크게 확장했다.[5] 반면 북한에서는 '데칼코마니'를 떠올리게 할 만큼 정반대의 양상이 전개됐다.

　　정리하자면, 『동아일보』의 신탁통치 오보는 찬탁과 반탁의 격렬한 충돌을 낳았다. 이는 한반도의 통일된 임시정부 수립 논의를 한 걸음도 앞으로 나아가지 못하게 했으며, 좌와 우의 이념 아래 민족상잔과 골육상쟁을 야기했다. 그리고 결국 1948년 남북한의 단독정부 수립과 영구 분단의 길로 접어들게 했다. 안사통신의 베를린 장벽 붕괴 오보가 통독의 '아우토반Autobahn'을 닦았다면, 『동아일보』의 신탁통치 오보는 한반도를 분단의 고속도로로 내달리게 한 것이다.

　　한반도 분단의 분수령이 된 신탁통치 오보 역시, 그 구조적 배경은 뉴스 소비자인 당시 한국인들의 욕망과 확증 편향이었다. 당시 일본 제국주의의 식민지 지배로부터 막 벗어나 자주독립 국가를 열망하던 한국인들에게, 또다시 외세의 지배 아래 놓인다는 소식은 '유증기 가득한 밀폐 공간'에 던져지는 '불꽃'과 같았다. 즉, 신탁통치 같은 외세의 개입 가능성은 한국인들에게 매우 강한 확증 편향으로 자리 잡고 있었다. 여기에 1945년 12월 27일 『동아일보』의 오보가 불을 댕긴 것이다.

하지만 베를린 장벽 붕괴 오보와 신탁통치 오보 사이에는 극명한 차이점이 있다. 신탁통치 오보에는 베를린 장벽 붕괴 오보 때와 달리, 한국의 언론들에 강력한 진영 논리가 작동하고 있었다. 즉, 베를린 장벽 붕괴 오보가 저널리스트와 뉴스 미디어들의 오인과 오해, 오역 등이 중첩되어 그들이 의도하지 않은 상황이 전개된 경우였다면, 신탁통치 오보는 진영 논리에 충만했던 저널리스트와 뉴스 미디어의 반복적이고도 의도적인 왜곡으로 태어난 것이었다.

"베를린 장벽이 붕괴했다"는 '오보'는 불과 네 시간여 만에 실제로 베를린 장벽의 붕괴로 이어졌다. '오보'를 바로잡을 시간적 여유도 없이 눈앞의 '현실'이 된 것이다. 그러나 신탁통치 오보 때는, 오보 이후 최소한 다음 날부터는 애초의 오보를 시정할 기회가 오랜 기간 있었다. 하지만 『동아일보』를 비롯한 한국의 많은 유력 언론들은 오보를 바로잡기는커녕 지속적으로 확대 재생산했다.

당시 『동아일보』의 오보 기사를 직접 확인해보면, 뉴스 공급자의 의도적인 왜곡이 확연하게 드러난다. 『동아일보』의 기사는 아래와 같았다.

"모스크바에서 개최된 3국 외상회담을 계기로 조선독립 문제가 표면화하지 않는가 하는 관측이 농후하여 가고 있다. 즉 번즈 미 국무장관은 출발 당시에 소련의 신탁통치안에 반대하여 즉시 독립을 주장하도록

　　　　　　　　욕망의 덫, 오보와 가짜뉴스

기사를 보면 알 수 있듯이, 미국과 소련이 그간 견지해온 입장을 정반대로 단정하고 있음에도, 이를 뒷받침하는 사실은 기사에 전혀 등장하지 않는다. "관측이 농후하여 가고 있다"거나 "있었는지 없었는지는 불명하다"는 등 회의 내용을 추정하기도 어려운 기술이 전부다. 반면에 「소련은 신탁통치 주장, 소련의 구실은 38선 분할 점령, 미국은 즉시 독립 주장」이라는 제목을 달아 1면 머리기사로 보도한 것은 예나 지금이나 뉴스 공급자의 의도가 반영되지 않으면 불가능한 일이다.

신탁통치 오보의 부차적인 원인으로는, 당시 뉴스 소비자인 대다수 한국인들이 한반도에 대한 미국과 소련 등 외세의 이해와 정략에 아는 것이 매우 적었다는 점도 들 수 있다. 뉴스 소비자들이 갖고 있는 특정 사안에 관한 배경 지식이나 정보가 매우 부족했다는 것이다. 이는 뉴스 소비자들이 진영 논리에 빠진 뉴스 미디어에 마구 휘둘리고, 지속적으로 오보가 재생산될 수 있게 한 요인이었다.

이처럼 신탁통치 오보에는 뉴스 소비자의 확증 편향 말고도, 뉴스 소비자의 무지와 이를 십분 활용하려 든 뉴스 공급자들과 정치 세력이 있었다. 신탁통치 오보에서는 뉴스 공급자 사이의 과도한 경쟁이 베를린 장벽 붕괴 오보 당시처럼 도드라지지는 않았다. 대신 진영 논리에 충만했던 정파 언론들과 상대적으로 무지했던 뉴스 소비자들이 있었다. 극단으로 양극화된 정치와 사회, 그리고 이런 사정이 투영되며 진영 논리에 빠진 뉴스 미디어는 뉴스 소비자의 확증 편향을 바탕으로, 한 사회에 비극을 가져오는 오보의 주역이 된다.

위정자의 기만술에 속수무책인 언론

일본의 역사학자로 다양한 역사서를 저술한 미야자키 마사카츠宮崎正勝는 '세계사를 바꾼 가짜뉴스는 대부분 대중의 마음을 얻으려는 독재자와 포퓰리스트들에 의해 만들어졌다'고 말한다.[1] 사실 따져보면 '역사적 오보' 가운데는 '베를린 장벽 붕괴 오보'처럼 '민초의 열망'보다, 권력이 만들어낸 오보가 훨씬 많다.

그런 오보의 유형으로는 '적국敵國과의 전쟁'이나 '정치 투쟁'에 언론이 이용된 경우가 대표적이다. 가장 흔한 예는 옛 소련이나 군부 독재 치하의 한국, 지금의 중국이나 북한 등과 같은 강력한 권위주의 체제에서 권력의 완벽한 통제를 받는 언론들의 '당파적 보도'에서 비롯된 경우다. 그러나 이 책에서는 자율적인 뉴스 시장에서 등장하는 오보나 가짜뉴스에 더 초점을 둔다. 따라서 권위주의 체제 아래 통제되는 언론의 사례는 논외로 한다. 즉 여론 조작을 위해 권력이 만들어 낸 오보로 소개하는 사례들은 모두 언론의 자유가 보장된 사회에서 발생한 경우다.

언론의 자유가 보장된 상태에서도 권력이 개입해 생겨나는 오보는 셀 수 없이 많다. 그 가운데, 이 장에서는 두 가지 전형적인 사례를 소개한다.

첫 사례는 세계의 경찰을 자임한 미국이 개전開戰을 정당화한 오보들이다. 1964년 베트남 전쟁 본격 개입의 신호탄이 된 '통킹Tonkin 만灣 오보'와 2003년 이라크 침공의 빌미가 된 '이라크 화학무기 오보'다.

두 번째 사례는 검찰이나 군부 등 공권력이 정치권력의 이해를 대변하며 정치적 반대 세력을 탄압하기 위해 활용한 오보들이다. 너무도 닮은꼴이었던 두 사건, 1991년 한국의 '강기훈 유서 대필 사건'과 1894년 프랑스의 드레퓌스Dreyfus 사건 당시의 보도들이 그런 경우다.

2.1.   북베트남 통킹만 오보

뉴스 역사가 미첼 스티븐스Mitchell Stephens는 인류가 주고받은 뉴스 가운데 가장 가치가 높은 뉴스는 "명백하고도 임박한 위험을 알리는 경보警報"라고 말한다. 예나 지금이나 재난, 적국의 침략 같은 헤드라인 뉴스다. 따라서 재난이나 전쟁에 관한 뉴스는 뉴스 소비자에게

　　　　욕망의 덫, 오보와 가짜뉴스

가장 큰 관심을 끄는 뉴스다.

그런데 재난과 전쟁 이 두 사건 중에서 재난은 대부분 인간의 의도와 무관하게 생겨나지만, 전쟁은 어떤 경우에도 인간의 의도로 시작된다. 또 전쟁의 주체는 크든 작든 자원을 동원할 수 있는 이들과 집단, 즉 정치권력이나 군부軍部 세력 등이다. 이들의 정치적 이해는 전쟁과 직결되어 있다.

전쟁, 특히 침략 전쟁을 위해서는 전쟁 수행에 필요한 인적·물적 자원의 동원을 정당화하는 여론의 동의가 필요하다. 그래서 전쟁을 일으키려는 권력자들은 언론을 통해 여론을 조작해서라도 개전이나 전쟁 수행의 정당성을 얻으려 한다. 대부분의 침략 전쟁에는 전쟁에 자원을 동원하고 정당성을 확보하려는 정치권력이나 군부가 의도한 뉴스들이 등장한다. 특히 적지 않은 경우, 그 뉴스들은 거짓 정보가 듬뿍 들어 있거나 명백한 거짓이라는 게 훗날 드러났다.

1964년 미국이 베트남 전쟁에 본격 개입하는 계기가 된 북베트남 통킹만 사건에 관한 미국과 서방의 보도들도 이 경우에 해당한다. 2003년 미국이 이라크를 침공한 구실이었던 '이라크의 화학무기 보도'도 마찬가지였다. 간략히 그 개요를 소개하면 다음과 같다.

1964년 8월 초, 미국 정부는 북베트탐 어뢰정 세 척이 이틀 전인 8월 2일 통킹만에서 작전을 수행히고 있는 미 구축힘 '매독스Maddox'를 향해 어뢰와 기관총으로 1차 공격을 가했다고 밝혔다. 미 해군은 이에 대응해 최소한 세 척의 북베트남 함정들을 격침하거나 파손시켰다.

그런데 미국 정부는 북베트남 전투함들이 8월 4일 2차 공격을 가

린든 존슨 미국 대통령의 대국민 연설문과 통킹만 사건에 대한 정부 발표를 담은 1964년 8월 5일자 『뉴욕 타임스』 1면(사진 위). 전날 밤 열린 로버트 맥나마라 국방장관의 심야 언론 브리핑 장면(사진 아래).

해왔다는 발표를 전격적으로 했다. 특히 이날 밤 11시 37분 린든 존슨 Lyndon B. Johnson 대통령은 미 전역에 중계된 텔레비전 연설을 통해 미국이 북베트남에 대한 군사적 대응에 나섰다고 밝히고, 의회에 미국의 무력 사용을 지지하는 결의안 채택을 요청했다. 로버트 맥나마라Robert

　　　　　　　　　　　　　　　　　　　　욕망의 덫, 오보와 가짜뉴스

S.McNamara 국방장관도 심야 언론 브리핑에 나섰다.

『뉴욕 타임스New York Times』와 『워싱턴 포스트Washington Post』를 비롯한 미국의 신문과 방송들은 물론 서방 뉴스 미디어들의 대대적인 보도가 이어졌음은 물론이다. 발표 내용은 물론 한밤중에 미국 대통령까지 나선 미국 정부 발표의 전격성으로 볼 때 당연한 귀결이었다.

통킹만 사건에 관한 보도는 일간 신문과 방송은 물론 『타임Time』, 『뉴스위크Newsweek』, 『라이프Life』 등 유력 시사 매거진들까지 가세하며, 사실상 전 언론에서 그해 8월 내내 이어졌다. 특히 통킹만 사건을 표지 이야기로 다룬 1964년 8월 14일자 『타임』은 당시 유력 뉴스 미디어들이 했던 보도의 전형을 보여준다.[2]

『타임』은 메인 기사 「통킹만의 작전」에서 "한국 전쟁 이후 미국과 공산주의자 사이의 첫 무력 충돌"이라면서 당시 미국과 북베트남 사이에 벌어진 전투 상황은 물론, 린든 존슨 대통령 등 미국 정부와 군 지도부의 숨 가쁜 의사 결정 상황을 전했다. 미군의 영웅적 활약상을 보도했고, 미국이 북베트남의 1차 공격에도 보복을 자제하며 인내했으나 또 다시 북베트남이 두 번째 공격을 해 와서 불가피하게 확전에 나선 사정을 전했다.

또한 『타임』은 미국 행정부와 의회 지도부들의 일사불란한 태도를 보도했다. 의도했든 의도하지 않았든 미국민의 애국심을 불러일으켰고, 전쟁에 나선 미국 정부를 향한 확고한 지지 여론이 형성되는 데 일조한 셈이다. 거의 대부분, 아니 모든 언론도 『타임』과 다를 바 없었다. 통킹만 사건의 발생과 전개에 대해 합리적 의문을 제기한 언론은 당시만이 아니라 그 후로도 오랫동안 찾아볼 수 없었다.

이런 분위기 속에서 통킹만 사건과 이에 대한 미국 정부와 의회의 대응은 일사천리로 진행됐다. 대통령의 대국민 연설이 나온 지 사흘 만인 8월 7일, 미 의회는 존슨 대통령에게 공산주의자에게 위협받는 남서 아시아 국가들을 지원할 수 있는 권한을 부여하는 '통킹만 결의안'을 채택해 북베트남에 대한 무력 사용을 정당화했다. 당시 결의안 표결은 하원에서는 416명 전원이 찬성했고, 상원에서는 90명 가운데 단 두 명만이 반대했을 만큼 압도적으로 통과됐다. 미국의 행정부와 입법부는 베트남전 개입이라는 '대문'을 이렇게 활짝 열었다.

그러나 이렇게 국제전으로 비화한 베트남 전쟁의 결과는 '지옥문'을 열어젖힌 것처럼 참혹했다. 1995년이 되어서야 베트남은 전쟁 사망자의 공식 추정치를 발표했는데, 이에 따르면 민간인 200만 명과 북베트남군과 베트콩 110만 명이 숨졌다. 미국 쪽에 따르면 남베트남군 사망자는 20만~25만 명, 전쟁 기간 참전한 미군 300만 명 중 전사자는 5만 8200명, 심한 부상을 입은 이들까지 포함하면 20만 명에 이르렀다.[3]

내부 고발자, 그리고 반전

현대사의 참극을 낳은 미국 정부의 통킹만 사건과 관련한 첫 내부 고발자가 나온 것은 사건이 벌어지고 3년 뒤인 1967년이었다. 전직 해군 장교였던 존 화이트John White는 '존슨 대통령과 맥나마라

 욕망의 덫, 오보와 가짜뉴스

국방장관 등이 통킹만 사건에 대해 의회에 거짓 정보를 전했다'는 주장을 담은 편지를 언론사에 보냈다. 화이트는 이듬해에는 미국의 베트남전 개입을 다룬 다큐멘터리 영화 〈돼지의 해In the Year of Pig〉[4]에 출연해 내부 고발을 이어갔다. 그러나 "미국 행정부 수뇌부가 통킹만 사건을 조작했다"는 그의 주장은 대중의 관심을 받기는커녕 이적 행위라는 비난 속에 묻혀버리는 듯했다.

그로부터 4년이 지난 1971년 6월 13일, 『뉴욕 타임스』는 이른바 '펜타곤 보고서Penagon Papers'로 불리는 미 국방부의 최고 기밀문서를 입수해 통킹만 사건의 진실을 보도했다. 『뉴욕 타임스』의 보도에 따르면, 통킹만 사건 당시 (공해상에서 공격받았다는) 미 구축함 매독스호는 '데소토Desoto'라는 암호명을 부여받고 북베트남 영해를 수시로 드나든 정보 수집 함정이었다. 또 (북베트남의 2차 공격이 있었다는) 1964년 8월 4일에는 북베트남이 미 구축함을 공격한 증거가 없었다. 훗날 밝혀졌지만, 이 '펜타곤 보고서'는 맥나마라 장관 밑에서 이 문서 작성에 참여했던 전직 해군 장교 대니얼 엘스버그Daniel Ellsberg가 제공한 것이었다.

1974년 베트남전이 끝나고, 1980년대에 들어서자 그동안 침묵했던 통킹만 사건 현장의 증언자들도 나타나기 시작했다. 통킹만 사건에 관한 의문들이 다시 본격적으로 제기되기 시작했다. 북베트남의 통킹만에서 당시 북베트남군을 공격한 조종사 중 한 명인 제임스 스톡데일James Stockdale은 1984년 발간한 그의 책 『사랑과 전쟁Love and War』에서 "(북베트남의 통킹만 2차 공격으로 알려진 당시에) 그곳에는 검은 물과 미

국의 화력 외에는 아무것도 없었다"라며 "우리 구축함은 유령 목표물에 발포하고 있었다"고 고백했다.[5]

이듬해인 1985년 4월 29일에는 『로스앤젤레스 타임스Los Angeles Times』에 「통킹-전쟁에 대한 의심스러운 전제」라는 기사가 실렸다. 통킹만 사건 당시 구축함 매독스호의 함장 존 J. 헤릭John J. Herrick의 증언과 그가 제공한 매독스함의 운항 일지에 기반한 것이었다. 이 기사는 북베트남의 통킹만 2차 공격의 근거가 없으며, 린든 존슨 행정부가 의회에 한 당시 보고는 대통령 선거를 눈앞에 뒀던 정권이 베트남전 개입을 통해 정치적 이익을 얻기 위해 의도적으로 조작했을 가능성을 제기했다.[6]

그러나 여전히 미국 정부나 통킹만 현장의 관련자들은 북베트남의 2차 공격이 있었다고 주장했다. 의문이 제기됐지만 미국 정부의 태도는 여전했고, 대중의 반향은 충분하지 않았다.

다시 10여 년이 지난 1995년, 미국 클렘슨대학교 교수이자 현대사학자였던 에드윈 E. 모이즈Edwin E. Moïse는 저서 『통킹만과 베트남전의 확전Tonkin Gulf and the Escalation of the Vietnam War』을 통해 미국이 북베트남 침공의 구실로 삼았던 '통킹만의 2차 공격'은 존재하지 않았음을 밝혀냈다.[7]

2000년대에 들어서자 존슨 미 행정부의 통킹만 사건 조작 의혹을 뒷받침하는 미국 정부의 공식 문서들도 하나둘씩 세상에 나오기 시작했다. 2005년 10월과 11월 『뉴욕 타임스』는 미 국가안보국NSA, National Security Agency의 정보분석관이자 전쟁사 연구원인 로버트 J. 하

　　　　　욕망의 덫, 오보와 가짜뉴스

뇨크Robert J. Hanyok의 연구 결과를 인용해, 국가안보국이 1964년 8월 4일 (북베트남의 통킹만 2차 공격) 사건과 관련해 정보 보고서를 왜곡했다고 보도했다. (없었던) 공격이 있었던 것처럼 보이려 증거를 "고의적으로 왜곡"했다는 것이다.

특히 이 신문은 익명의 관계자 말을 인용해, 하뇨크의 연구 결과는 이미 5년 전에 나왔으나, 2003년에 시작된 미국의 이라크 전쟁을 정당화하기 위해 사용된 정보(이라크의 화학무기 보유)와 비교될 수 있다는 우려로 공개가 거부됐다고 보도했다.[8]

드디어 그해 11월 30일 미 국가안보국은 하뇨크의 보고서를 비롯해 통킹만 사건에 관한 기밀정보를 처음으로 공개했다. 아직도 정보 조작의 구체적인 실상이 완전히 드러난 것은 아니다. 하지만 공식적으로 미국 정부가 통킹만 사건을 조작하고, 조작한 사실 또한 은폐해왔음을 확인한 순간이었다. 통킹만 사건이 발생한 지 41년 3개월 26일 만이었다.

요컨대 발생하지도 않은 피격을 빌미로 린든 존슨 미국 대통령과 행정부는 대국민 연설을 하고, 의회는 압도적 찬성으로 지지 결의안을 통과시키며 베트남전의 수렁에 발을 내디뎠다. 미국 뉴스 공급자들은 이런 전쟁 개시와 거짓 발표에 비판은커녕 합리적 의심마저 방기한 공범이 됐다. 거짓은 진실이 됐고, 진실이 뒤늦게 드러났다. 무고한 수백만의 인명이 이슬처럼 사라졌고, 살아남은 이들도 혹독한 고통을 짊어졌다.

같은 듯 달랐던 '이라크 대량살상무기 오보'

역사는 반복된다는 말이 있다. 미국 정부의 통킹만 사건 조작과 뉴스 미디어들의 행태는, 40년이 지난 2003년에도 매우 흡사한 모습으로 반복됐다. 당시 미국의 조지 W. 부시George W. Bush 행정부는 이라크의 대량살상무기WMD, Weapons of Mass Destruction를 없애 세계 평화와 미국인 보호에 기여한다는 명분 아래 이라크에 대한 전쟁을 개시했다. 미국은 동맹국인 영국, 오스트레일리아와 함께 2003년 3월 17일 사담 후세인Saddam Hussein 정권을 향해 48시간의 최후통첩을 보냈다. 이어 3월 20일 오전 5시 30분 바그다드 등지에 미사일 폭격을 시작했다.

베트남전의 구실이 조작된 '북베트남의 통킹만 2차 공격'이었다면, 이라크 전쟁의 개전을 정당화한 명분은 사담 후세인 정권이 보유하고 있다고 한 생화학무기였다. 이라크 침공에 앞서, 부시 정부는 이라크의 대량살상무기 보유 사실을 확언하며 이를 지속적으로 언론에 노출시켰다.

이라크를 침공하기 6개월 전인 2002년 9월, 부시 대통령은 언론 앞에서 직접 "후세인 정권이 생화학무기를 보유하고 있다"며 "생화학무기를 더 생산하기 위한 시설을 짓고 있다"고 밝혔다. 얼마 뒤에는 미국의 언론들이 미국 중앙정보국Central Intelligence Agency, CIA이 만든 '2002년 10월 현재 이라크의 생화학무기 위협' 보고서를 인용한 보도들을 내놓으며, 이라크의 대량살상무기 보유설에 힘을 실었다.

개전에 이르기 전까지 부시 행정부는 미국의 안보에 후세인이 극

   욕망의 덫, 오보와 가짜뉴스

미국의 이라크 침공 당시 미군 장병들을 격려하고 있는 조지 W. 부시 대통령(출처 wikimedia commons).

히 위험한 존재임을 알리는 데 여념이 없었다. 많은 뉴스 미디어들은 이를 전달하기 바빴다. 실제로 영국의 일간지 『더 타임스The Times』는 11월 28일 '익명'의 취재원이 한 얘기에 근거해 "이라크는 화학무기를 보유하고 있으며 사담 후세인 이라크 대통령은 정권 붕괴의 위협을 받을 경우 화학무기를 사용한 의사를 갖고 있다"고 보도했다.

CNN 등 세계적인 뉴스 미디어들은 미국이 이라크를 침공하는 순간부터 전쟁을 생중계하듯 보도했다. 이런 보도는 미국인은 물론 전 세계인의 이목을 붙잡았다. 특히 언론들은 이라크의 생화학무기 보유를 기정사실화하는 뉴스를 미국 행정부와 군 관계자들의 입을 빌려 연일 보도했다. 미국의 폭스뉴스Fox news는 개전 이틀 전 "국방부를 포함한 고위 관계자들이 이라크 군대가 화학무기로 무장하고 있다는 정보 보고를 확인했다"고 보도했다.[9]

언론들은 전쟁의 막바지까지도 "이라크에 대량살상무기가 존재하고 이를 은닉하고 있다는 사실을 전적으로 확신한다"는 토미 프랭크스Tommy Franks 미 중부사령관[10]의 말을 여과 없이 전하는가 하면, 심지어 일부 언론은 이라크 남부 바스라의 암 발생 건수가 현저히 증가했다며, 그 원인이 (핵무기와 관련 있는) '열화우라늄' 오염으로 추정된다는 보도까지 내놨다.

그러나 전쟁이 끝난 뒤 드러난 진실은 세계인을 기막히게 했다. 전쟁이 끝나고 나서도, 부시 행정부가 공언했던 사용 가능한 이라크의 대량살상무기는 끝내 발견되지 않았기 때문이다. 미군이 이라크 전역을 샅샅이 뒤진 결과다. 미국, 영국, 호주 3국의 관계자 1000여 명이 1년 이상 참여해 활동한 '이라크무기사찰단Iraq Survey Group'도 2004년 10월 미국 상원 군사위원회에 제출한 1000페이지 분량의 최종 보고서[11]에서 "미국의 침공 당시 이라크에 대량살상무기는 존재하지 않았다"고 공식적으로 밝혔다.

모든 일이 벌어진 뒤 드러난 진실은 미국과 그 동맹국이 전쟁의 구실로 내건 '이라크의 대량살상무기 보유'는 조작됐거나 과장됐다는 것이었다.[12] 조작극의 주연은 미국 정부와 산하 싱크탱크였고, 조연은 전문가와 언론이었다. 반면에 결백을 호소하며 유엔UN 사찰단에 의심 지역을 적극 공개한 이라크나, '대량살상무기의 흔적이 없다'고 보고

한 유엔의 이라크무기사찰단과 국제원자력기구는 단역 배우 이상의 구실을 하지 못했다.

막강한 힘으로 정보를 통제한 미국 정부의 거짓 놀음이 낳은 피해는 막대했다. 미국과 동맹국의 이라크 침공이 있은 지 13년여 만인 2016년 7월 6일 영국의 이라크전 참전을 조사한 '이라크조사위원회' 존 칠콧John Chilcot 위원장은, 이라크 대량살상무기 정보는 과장·조작됐고, 영국의 전쟁 참여는 매우 잘못된 일이었다고 밝혔다. 조사위 보고서에 따르면 이라크 전쟁으로 영국군은 (2009년 철군할 때까지) 6년간 179명이 전사했고, 미군은 4487명이 전사했으며, 이라크인은 15만 명이 숨지고 100만 명의 난민이 발생했다.[13]

이처럼 북베트남이 2차 통킹만 공격을 부인했듯 후세인 정권도 대량살상무기의 보유를 부인했지만, 존재하지 않았던 '1964년 8월 4일 통킹만의 북베트남 어뢰정'은 '2003년 3월 이라크의 대량살상무기'라는 연출된 환상으로 환생했다.

그러나 두 상황의 전개 양상은 차이가 있었다. 첫째, 통킹만 사건 때에 비해 이라크의 대량살상무기 보유 오보가 바로잡히기까지는 그리 긴 시간이 걸리지 않았다. 통킹만 사건 조작과 함께 시작된 미국과 베트남의 전면전은 10년이나 지속됐고, '조작 사실'이 미 정부에 의해 공식적으로 확인되는 데는 41년이 걸렸다. 반면에 이라크 전쟁은 침공 20일 만에 미국의 승전으로 끝났고, 채 2년이 지나지 않아 이라크에 대량살상무기는 존재하지 않았음이 드러났다.

둘째, 이라크 전쟁 때는 언론들이 미국 정부의 정보 조작과 유도에 일사천리로 끌려가지 않았다. 통킹만 사건은 동서 냉전 시기에 발생했지만, 미국의 유일 강대국 체제 아래 벌어진 미국의 이라크 침공에는 세계인은 물론 미국인의 반응도 전과 달랐다. 미국의 '이라크의 대량살상무기 보유' 주장과 이라크 침공에 대해 서방의 언론들은 초기부터 의문과 비판적 시선을 드러냈다. 여기에는 유엔 등 국제기구가 이라크의 대량살상무기 보유와 관련해 미국 정부와 다른 목소리를 낸 것도 일조했다.

셋째, 1964년 미국 정부가 통킹만 사건을 조작했다는 진실이 드러난 상태에서, 이라크를 침공하는 미국의 저의에 대한 의구심도 전과 같지 않았다. 이른바 '학습 효과'가 생긴 것이다. 또한 정보의 유통 구조나 네트워크도 1964년과는 크게 달랐다. 결국 이런 이유들은 '이라크가 대량살상무기를 개발, 보유하고 있다'는 미국의 거짓이 '진실'을 호도하는 기간을 크게 줄였다.

2.2.　강기훈 유서 대필 오보와 드레퓌스 사건

정보를 통제하는 국가 기구가 정보를 조작하거나 여과해 정치적 이해나 특정 집단의 이해에 이용한 또 다른 사례로는, 1991년 한국 사회를 충격에 빠뜨린 강기훈 유서 대필 사건이 있다. '민주화 운동 동료의 분신을 방조하고 유서까지 대필했다'는 죄명으로 한국 검찰에 구속되어 수사를 받고 단죄받은 사건이다.

　　　　　　　　　욕망의 덫, 오보와 가짜뉴스

사건이 일어난 1991년은 군사정권이 10년 넘게 이어지던 시절이었다. 노태우 정부의 말기였고, 공안통치는 더 강해졌다. 정경유착 사건이 잇따랐고, 민주화 시위는 60일 넘게 계속됐다. 특히 4월 26일, 명지대생 강경대(당시 19세)가 시위 도중 경찰의 쇠파이프에 맞아 숨지면서 민주화 투쟁의 양상은 더 격렬해졌다.

사흘 뒤인 4월 29일 전남대생 박승희, 5월 1일 안동대생 김용균, 5월 4일 경원대생 천세용 등이 정권에 항거하며 분신焚身하는 등 투쟁은 극단적 양상으로 전개됐다. 스스로 몸을 불살라 숨져가며 민주화를 요구한 이가 5월 말까지만 아홉 명에 이를 정도였다.

당시 전국민족민주운동연합(전민련) 사회부장이었던 김기설(당시 25세)이 분신한 것은 5월 8일이었다. "단순하게 변혁 운동의 도화선이 되고자 함이 아닙니다. 역사의 이정표가 되고자 함은 더욱이 아닙니다"로 시작되는 김씨의 유서도 발견됐다. 그런데 사건은 누구도 예상하지 못한 충격적인 방향으로 전개됐다. 김씨의 동료로 전민련 총무부장이었던 단국대학교 학생 강기훈이 김씨의 유서를 대필하고 김씨의 분신자살을 방조했다는 결과를 수사기관이 발표한 것이다.

검찰은 "강씨가 민중을 자극해 고조된 반정부 투쟁 분위기를 더욱 확산시키려 동료의 유서를 대필하고 분신을 방조했다"라며 국립과학수사연구소(국과수)의 필적 감정 결과와 정황 증거만으로 그를 구속·기소했다. 강씨는 끝까지 부인했고, 목격자 등 직접 증거도 없었다. 한국기독교교회협의회와 민주화 운동 단체들이 "강씨의 누명"과 검찰 수사의 문제점을 주장했다. 하지만 억울하다는 호소에 귀 기울이

정권의 유서 대필 '조작'에 '광기'로 화답
했던 당시 신문 보도(출처 『미디어오늘』).

는 언론은 극소수에 불과했다. 결국 법원도 강씨에게 자살 방조 및 국가보안법 위반죄로 징역 3년을 선고했다.

그로부터 16년여가 지난 2007년 11월, 한시적 국가기관으로 설립된 '진실·화해를위한 과거사정리위원회(진실화해위)'는 [14] 강씨가 김씨의 유서를 대필하지 않았다는 결론을 발표하며 법원에 재심을 권고했다. 추가로 발견한 김씨의 필적 자료를 국과수와 7개 사설 감정기관에 필적 감정을 의뢰해 유서의 필적은 김씨 본인의 것이라는 결과를 받은 데 따른 것이었다.

이듬해 1월 강씨는 법원에 재심을 청구했고, 서울고등법원은 2009년 9월 재심 청구를 받아들였다. 그러나 법원의 결정에 반대한 검찰의 재항고 등 우여곡절을 거친 끝에 2015년 5월 14일 대법원은 강씨의 유서 대필 및 자살 방조 혐의에 대해 무죄로 판결한 서울고법의 재심 결과를 최종 확정했다.

대법원은 애초 유죄 판결 당시 검찰이 제시한 필적 감정이 신빙성이 없다고 판결했다. 특히 유죄 판결 당시의 필적 감정인이 자신의 애초

  욕망의 덫, 오보와 가짜뉴스

감정 결과를 번복했고, 혼자 감정을 했음에도 국과수 소속 감정인 네 명이 공동으로 한 것처럼 법정에서 위증했다는 점도 밝혔다. 1992년 당시 대법원이 강씨에게 유죄 확정 판결을 내린 지 23년 만이었다.

사회적 진실과 정의의 마지막 보루인 법원은 그렇게 다시 태어났다. 그러나 검찰은 뒤에서 살펴보겠지만 진실보다 검찰 조직의 위신을 우선시하며 재심에서도 끝까지 유죄를 주장하며 진실을 덮고 거짓을 지키려 안간힘을 썼다.

그렇다면 언론은 어땠을까? 결론부터 얘기하면, 많은 뉴스 미디어들은 '그때는 맞고 지금은 틀릴 뿐'이라는 '유체이탈형' 인식과 태도를 보였다. 지난날의 오보를 사과한 곳은 없었다. 사과는커녕 사건 당시 가장 앞장서서 유서 대필 의혹을 보도했던 『조선일보』는 2015년 재심에서 무죄 확정 판결이 나오자 '사설'을 통해 "증거의 신빙성에 대한 판단은 재판부마다 다를 수는 있다. 궁극적 진실은 강씨 본인이 아는 것이다"라고 했다.

사라진 여론 다양성

이제 사건 당시 한국 유력 언론들의 보도가 어땠는지 확인해 보자. 결론부터 말하자면, "(당시 한국의 유력 언론들의 보도는) 마녀사냥을 연상시킬 정도로 뜨거웠다. 김씨가 분신한 이후 검찰이 자살을 조장하는 배후 세력이 있다고 언론에 흘리면서 시작된 유서 대필 의혹은 보도가 거듭되면 될수록 눈덩이처럼 불어났다."[15] 거의 모든 언론이 '유서 대필'을 기정사실화하는 보도를 쏟아내며 한길로 줄달음쳤다고 해도 지나친 말이 아니었다.

김씨의 분신자살 다음 날인 5월 9일치부터 신문들은 물증도 없는 검찰발 의혹을 바탕으로 '죽음의 배후'를 거론하기 시작했다. 「2~3일 간격 (분신) 연쇄 발생 '계획' 의혹」(『조선일보』 5월 8일), 「분신에 '협력자' 있었을까」(『중앙일보』 5월 8일)로 시작한 여론몰이는 5월 내내 계속됐다. "죽음을 부추기는 배후 세력이 있다"고 한 서강대학교 박홍 총장이나 「죽음의 굿판을 당장 걷어치워라」고 한 김지하 시인의 인터뷰와 칼럼도 등장했다.

검찰과 경찰의 수사 발표 가운데 사실과 다른 것들이 드러났지만, 대다수 언론은 그다지 눈길도 주지 않았다. 언론은 한 치의 다름도 없이 검찰의 뜻대로 움직였다. 진영 논리로 무장한 정파적 언론이 오보를 주도했다는 점에서 앞서 살펴본 '신탁통치 오보'와 유사점도 있지만, '강기훈 유서 대필 오보'에서는 정치권력의 이해를 대변한 검찰이라는 정부 기관이 공적으로 획득한 정보를 왜곡하거나 날조해 언론에 제공했다는 점에서 차이가 난다.

강기훈에 대한 서울고법의 재심에서 무죄 판결이 난 뒤 『미디어오늘』이 1991년 당시 보도를 소개한 기사에 따르면, 급기야 「분신 김기설 씨 유서 필적 다르다」(『국민일보』 5월 18일)는 기사가 등장하자, 「분신 김기설 유서 89년 필적 다르다」(『경향신문』 5월 19일), 「검찰 '강씨, 홍양 수첩도 조작'」(『한국일보』 5월 23일), 「전민련 제출 수첩 김기설 씨 것 아니다」(『세계일보』, 5월 26일) 등 단정적인 검찰발 보도가 '홍수'를

   욕망의 덫, 오보와 가짜뉴스

이뤘다.

『한겨레신문』(『한겨레』) 정도만이 검찰의 여론몰이 수사를 비판했을 뿐 나머지 신문들은 '유서 사전 작성 정황 증거 확보', '김씨 수첩은 강씨가 써줬다', '강씨 김기설 명의 활동 가능성' 등을 전하며 검찰의 충실한 나팔수 구실을 했다. 특히 당시 유서 대필 보도를 주도하던 『조선일보』는 분신의 배후에 '김일성 정권(의) 지령 가능성'을 언급하기도 했다.

"김기설에 이어, 전남대생 윤용하(당시 22세)는 5월 10일 분신을 시도하며 노트에 이렇게 적었다. '누가 분신을 배후 조종한단 말인가. 하나밖에 없는 생명을 그 누가 버리라고 한단 말인가.' …… 그럼에도 당시 국면을 자살 방조 사건으로 몰고 가며 운동권의 메시지를 패륜으로 덮어버리려 했던 노태우 정부는 서서히 안도하기 시작했다. 정부가 내놓은 카드는 '유서 대필'이었다."[16] 실제로 유서 대필 뉴스는 뜨겁게 타오르던 반정부 시위에 찬물을 끼얹었고, 노태우 정부는 한숨을 돌렸다.

19세기 말 프랑스와 20세기 말 한국

강기훈 사건은 한국만의 얘기가 아니다. 한 세기 전 프랑스에서도 비슷한 일이 있었다. 이름만 다를 뿐 권력기관이 주도하고 언론이 편견에 가세해 진실을 억눌렀던 구조는 놀라울 만큼 닮아 있었다. 프랑스 군부가 1894년 유대인 포병 대위 알프레드 드레퓌스Alfred Dreyfus에게 독일의 간첩이라는 혐의를 씌워 종신형을 선고받게 한 사

강기훈과 드레퓌스(출처 위키피디아).

건이다. 그 근거는 단 하나, 조작된 필적이었다.

하지만 드레퓌스를 종신형으로 몰아간 증거는 프랑스가 파리의 독일 대사관에서 몰래 빼낸 정보 서류의 필적이 드레퓌스의 필적과 유사하다는 게 사실상 유일했다. 당시 많은 프랑스의 언론들도 진실의 수호자가 되기보다 반反유대주의와 거짓 뉴스의 확성기 구실을 했다. 반유대주의의 편견에 휩싸여 왜곡 보도는 물론이고, 프랑스 군부와 정부가 제공한 자극적인 거짓 뉴스를 여과 없이 전했다.

한 세기의 차이를 두고 벌어진 비슷한 두 사건에서, 프랑스와 한국은 사회를 대표하는 지식인들과 언론에서 다른 면모도 있었다. 드레퓌스에 대한 종신형 선고 2년 뒤인 1896년, 프랑스 언론에는 군부의 은폐와 드레퓌스의 결백 가능성이 보도됐고, 드레퓌스 사건을 둘러싼 사회적 대립도 치열해졌다. 프랑스 지식인들과 언론들은 드레퓌스의 결백을 뒷받침하는 문제제기와 보도를 내놓았다. 특히 1898년 프랑스의 일간지 『로로르L'Aurore』(새벽, 여명이라는 뜻)는 프랑스의 대문호

욕망의 덫, 오보와 가짜뉴스

에밀 졸라ÉmileZola가 드레퓌스 사건의 부당함을 고발하며 대통령에게 보내는 공개서한 「나는 고발한다…!J'accuse…!」를 1면에 게재했다.[17]

반유대주의 여론이 사회에 가득했던 시절, 『로로르』와 에밀 졸라의 용기 있는 행동은 드레퓌스 사건을 바로잡는 기폭제가 됐다. 강기훈 유서 대필 조작 사건 당시, 한국을 대표하는 문인이자 반체제 저항 시인이었던 김지하가 '죽음의 배후가 있다'는 여론에 앞장섰던 것과는 너무도 대비가 되는 장면이었다. 졸라는 바로 다음 달 자신이 고발한 장교들에게 명예훼손죄로 고발당해 런던으로 망명했지만, 그의 서

에밀 졸라의 「나는 고발한다」
가 실린 일간지 『로로르』의
1898년 1월 13일자 1면.

한은 드레퓌스의 결백을 지지하는 사회운동을 더욱 추동했다.

이런 사회 분위기에 힘입어 드레퓌스는 1899년 에밀 루베Émile Loubet 대통령의 사면으로 감옥에서 풀려났다. 대통령의 사면은 드레퓌스를 지지하는 여론과 군부의 체면을 모두 의식한 일종의 '타협책'이었다. '죄는 있으나 용서한다'는 것이었기 때문이다.

결국 드레퓌스가 완전하게 누명을 벗은 것은 1906년 7월에 공식적으로 무죄 판결을 받고, 군으로 복귀한 시점이었다. 종신형을 선고받고 나서 12년 만이었다. 한 세기 뒤 한국의 강기훈이 누명을 벗기까지 걸린 시간은 그 두 배인 24년이었다. 사건은 유사했지만 과정이 달랐던 만큼 진실이 호도된 시간도 그만큼 달랐다.

2.3. 정보를 조작하는 권력, 편향을 주입하는 언론

위정자나 권력기관들이 거짓 정보로 언론을 이용하고 여론을 조작해 대중을 기만하는 일은 예나 지금이나 반복된다. 언론은 이 과정에서 이들의 충실한 나팔수가 되어 오보를 쏟아내고는 한다. 이 글에서는 언론의 이런 무책임하고 광적인 오보들이 나온 이유를 구체적으로 살펴보려 한다. 국민을 위해 봉사해야 할 위정자들과 공익의 수호자들이 주권자인 국민을 터무니없이 기만할 때도, 언론이 이를 의심하기는커녕 거짓을 극적으로 꾸며 진실처럼 전하는 이유 말이다.

     욕망의 덫, 오보와 가짜뉴스

오보의 방아쇠, 유권자를 배신하는 정치권력

먼저, 거짓으로 주권자들을 배신한 위정자들의 정치적 이해가 무엇이었는지를 간략히 짚어보자. 대부분의 경우 그들의 거짓 정보 제공은 권력 유지 혹은 권력 재창출을 위한 것이었다. 정보 조작과 오보가 어떤 결과로 이어졌는지를 보면, 정보를 조작해 거짓을 대중에게 주입한 위정자와 권력기관의 의도는 쉽게 드러난다.

통킹만 사건을 구실로 베트남과 전면전을 시작한 미국 민주당의 린든 존슨 대통령은 전쟁을 시작한 지 채 4개월이 지나지 않아 치러진 그해 11월 3일의 선거에서 압도적 지지를 받으며 재선에 성공했다. 경쟁자였던 공화당의 배리 골드워터Barry Goldwater 상원의원과의 표

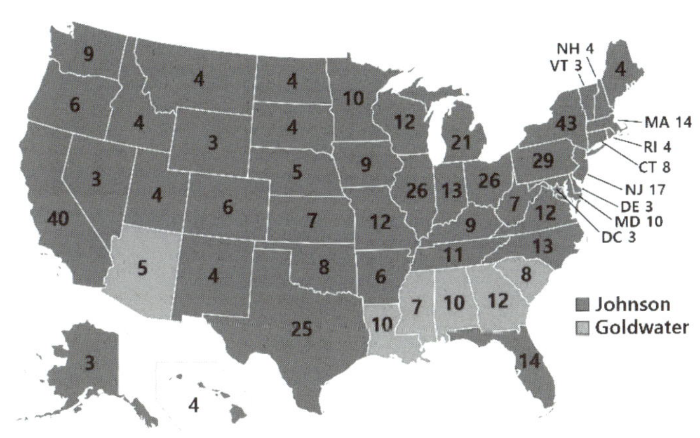

1964년 11월 3일 미국 대통령 선거 당시 민주당 린든 존슨 후보와 공화당 배리 골드워터 후보의 선거인단 득표 결과.

차는 '486 대 52'. 린든이 얻은 선거인단 486명은 지난 2020년까지 230여 년 동안 치러진 59차례의 미국 대통령 선거에서 다섯 번째로 많은 숫자였다.

선거에서 존슨에게 패배한 골드워터는 1980년 인터뷰에서 통킹만 사건 전체가 정치적인 동기에서 비롯된 것으로 생각한다고 말했다. 그는 "나는 그것(통킹만의 2차 공격)이 완전히 가짜였다고 생각한다. 존슨이 의회에 거짓말을 했고, 전쟁 지지 결의안을 얻었다고 생각한다"고 밝혔다.

'이라크 대량살상무기 오보'도 미국 정부가 이라크 전쟁의 명분을 얻으려 부추긴 결과라는 것은 두말할 나위가 없다. 미국이 이 전쟁을 일으킨 배경을 두고는 석유와 중동을 장악하기 위한 것이라는 관측, 군산복합체의 배후설, 미 정보기관과 수뇌부의 무능설 등 여러 주장과 해석들이 노정됐다. 그렇지만 어느 하나도 입증된 것은 없었다. 불과 한 달, 길게는 몇 달이면 드러날 거짓으로 전쟁을 시작했으니, 의문 또한 컸을 뿐이다.

그러나 전쟁이 벌어지며 세계인과 미국인이 보인 반응을 보면, 부시 정권이 전쟁을 일으킨 최소한의 이유는 어렵지 않게 확인된다. 2003년 3월 미국의 이라크 침공 다음 날 갤럽이 벌인 여론조사에 따르면, 미국인의 76퍼센트가 미국의 무력 사용을 지지했다.[18] 이라크 전쟁을 압도적 승리로 이끈 부시에 대한 미국인의 지지는 이듬해 대통령 선거로도 이어졌다. 부시 대통령은 2000년 선거에서 민주당의 앨 고어Al Gore 후보를 가까스로 누르고 당선됐지만, 이라크 전쟁 뒤 치러

  욕망의 덫, 오보와 가짜뉴스

진 2004년의 선거에서 4년 전보다 1200만 표를 더 얻으며 민주당의 존 캐리 후보를 이겼다.

이런 미국인의 정서와 달리 지구촌의 여론은 대체로 이라크 전쟁에 반대했다. 2006~2007년 사이 미국의 사회 조사기관인 퓨리서치센터Pew Research Center, BBC, 『가디언Guardian』 등의 여론조사에서 지구촌 시민 다수는 미국의 전쟁에 반대했다.[19]

요컨대 미국의 이라크 전쟁은, 이라크 침공 한 해 전의 9·11 테러로 바닥으로 떨어진 지지율을 끌어올리고, 이듬해의 재선 승리를 위해 부시 대통령과 그 주변이 의도한 행위였다는 해석이 가장 설득력 있다. 특히 미국이 9·11 테러의 주역인 아프가니스탄의 알카에다와 탈레반이 아니라, '전시展示 효과'가 훨씬 큰 이라크를 침공했다는 점도 이 전쟁의 정치적 이유를 잘 보여준다.

1991년 한국의 유서 대필 오보는 긴 설명도 필요 없을 것이다. 지금은 물론 당시에도 노태우 정권의 정치적 노림수가 있었다는 평가가 지배적이다. 실제로 연일 터져 나온 언론의 유서 대필 보도들은, 정권의 폭력성과 부도덕성에 한껏 쏠렸던 국민의 시선을 일거에 덮었다. 그 대신 동료의 분신을 방조하며 유서까지 대필한 '운동권'의 부도덕하고 패륜적인 행태를 부각했다. 이렇게 조성된 유서 대필 정국을 통해, 노태우 정권은 '정권의 위기'를 공안정국으로 돌파하며 '슬기롭게'(?) 넘길 수 있었다.

정치적 목적을 달성하려는 정치인에게 가장 중요한 수단은 유권자의 지지다. 그래서 정치인은 언제나 유권자의 판단(혹은 확증 편향)을 자신에게 유리하게 만들려고 한다. 유권자들이 호수의 물고기라면 정치인은 더 많은 물고기를 낚으려는 어부와 같다. 정치인의 목적은 진실이 아니라 유권자의 지지이기 때문이다. 언론 보도가 "정치인들에게는 이익이 되면 진실, 이익과 멀면 거짓"(마틴 배런 『워싱턴 포스트』 전 편집국장)[20]이라는 말이 나오는 이유도 같은 맥락이다.

정치인들은 정치적 목표를 달성하기 위해 유권자들의 지지를 얻으려 언제나 노력한다. 그 가운데에서도 가장 중요한 것은 선거 시기에 맞춰 그 지지를 극대화하는 것이다. 이 때문에 정치인은 임박한 선거의 승리나 정권의 위기 극복 같은 단기적 이해에 빠져들기가 가장 쉽다. 이런 때에 위정자나 정치인이 정보를 조작하고 유권자를 배신하는 일도 드물지 않다. 바로 앞에서 소개한 위정자의 유권자 기만과 여론 조작 사례들이다.

정보 통제, 그리고 뉴스 소비자의 무지와 일시적 무편향

그렇다면 유권자를 배신하는 공익의 수호자, 타락한 정치권력이 주권자인 뉴스 소비자를 기만하며 여론을 조작할 수 있는 힘은 어디서 나올까? 직접적으로는 정치권력이나 그 충실한 하수인인 정부 기관의 '정보 통제'로부터 시작된다. 물론 정보의 통제가 장기간 진실인 양 행세하는 오보를 낳을 수는 없다. 그러나 정보 통제에 이은 다음의 상황은 뉴스 소비자 기만과 여론 조작을 위한 오보의 바탕이 된다.

첫째, 뉴스 소비자의 무지다. 국가적 혹은 사회적 현안에 대해 압

    욕망의 덫, 오보와 가짜뉴스

도적으로 많은 정보를 갖고 있는 정부 수뇌부나 검찰, 국가정보원 같은 권력기관에 비해 뉴스 소비자는 형편없는 정보와 지식을 갖고 있는 경우가 일반적이다. 특히 정보가 통제되는 적성국 동향이나 수사기관의 수사 상황 등은 비공개가 기본이어서, 뉴스 소비자는 이에 대해 잘 알지 못한다. 이 때문에 통킹만 사건에서 유서 대필 사건에 이르기까지, 뉴스 소비자가 알고 있거나 알 수 있는 것은 국가기관이 선택적으로 노출한 정보밖에 없었다.

둘째, 뉴스 소비자가 갖게 되는 일시적 무편향이다. 관련 사안에 대해 뉴스 소비자들의 지식이나 경험도 부족하다면, 그들이 갖고 있는 확증 편향의 수준도 낮을 수밖에 없다. 이런 뉴스 소비자들에게 충격적인 소식이 전해지면, 뉴스 소비자들은 무편향 상태에서 그 소식을 받아들이고 판단하게 된다. 따라서 이런 상태의 뉴스 소비자들은 언론의 협조만 있다면 위정자들이 마음껏 그림을 그릴 수 있는 백지 상태가 된다.

물론 이런 상태가 영원하기는 어렵다. 사람들에게 경험과 지식이 쌓이면서, 각기 다양한 확증 편향이 생겨나기 때문이다. 이를테면 개전을 지지했던 미국인들 가운데 가족의 일원이 전쟁터에서 전사하거나 부상당하면서 전쟁에 대한 새로운 시각을 얻게 되는 경우 등이 이에 해당된다고 하겠다.

한마디로 위정자의 뜻대로 움직이는 국가기관의 정보 통제는 뉴스 소비자의 무지를 낳고, 이런 무지 위에 던져지는 충격적인 소식은 일정 기간 해당 사안에 대해 사람들이 무편향인 상태를 낳는다. 자신이 알지 못하는 일에 대해 누군가 얘기하는 족족 비판적 능력 없이 이를 수용하는 상태에 놓이는 셈이다.

이처럼 뉴스 소비자가 편향의 진공 상태에 있으면, 특정 편향의 뉴스가 어떤 심리적 방해 없이 뉴스 소비자들에게 그대로 각인된다. 예로부터 지배 계층이나 위정자들 가운데에서는 이런 사람들의 본성을 누구보다 잘 알고 이를 활용한 이들이 많았다. 통킹만의 북베트남의 공격, 세계 평화를 위협하는 이라크의 대량살상무기, 동료의 분신을 방조하고 유서까지 대신 써주는 '운동권'에 관한 느닷없는 소식은 뉴스 소비자의 무지와 (일시적) 무편향을 십분 이용한 위정자와 국가기관의 매우 '효과적인' 일탈 행위였다.

편향은 '나쁜' 것인가

앞에서 언급했듯이, 저의를 갖고 뉴스 소비자를 자신의 뜻에 맞게 이용하려는 이들에게 뉴스 소비자의 무지와 무편향만큼 좋은 호재는 없다. 아이러니한 것은 진실을 찾아가는 과정에서, 사람들의 확증 편향이 무조건 나쁜 것은 아니라는 점이다.

인간의 이성적 판단은 그 한계가 분명하다. 또 진실은 시대와 사회에 따라 변화한다. 시대와 사회에 따라 변화하고 진화하는 사회적 진실을 사람들이 얻는 데는 다양한 여론이 필요하다. 그런데 다양한 여론은 반드시 사회 구성원들의 다양한 편향이 있을 때 가능한 일이다.

뒤집어 얘기하면 사람들이 갖고 있는 편향만큼 무편향도 위험하

   욕망의 덫, 오보와 가짜뉴스

다는 것이다. 실제로 통킹만 사건 오보 때와 달리, '이라크 대량살상 오보'의 실상이 이른 시일에 드러난 데는 위정자들과 정부에 대한 미국인들의 '확증 편향'이 통킹만 사건 때와 달랐던 점도 무시할 수 없다. 통킹만 사건을 조작해 전쟁을 시작한 미국 정부에 대한 사람들의 기억은, 이라크 전쟁과 관련한 다양한 확증 편향을 갖게 했다.

요컨대 확증 편향은 특정 순간 진공 상태가 될 수는 있어도, 언제나 인간과 함께한다. 따라서 "없어야 한다"는 말이나 기대도 공허한 얘기다. 인간과 함께하는 확증 편향을 사회악으로 볼 수도, 볼 필요도 없다.

나아가 나의 생각(확증 편향)은 선이고 상대의 생각(확증 편향)은 악이라는 사고방식은 뉴스 시장은 물론 민주주의를 위협하는 요소다. 간혹 특정 편향을 지닌 사회 구성원들을 공개적으로나 사적으로 비판하는 언론과 언론인들을 접할 때가 있다. 보수적 언론과 언론인들은 진보적 편향을 지닌 뉴스 소비자를 비난하거나 백안시하고, 그 반대인 경우도 우리는 자주 목도한다. 하지만 사람들의 행동이 아닌 그들의 편향을 가치 판단으로 삼는 것은 언론과 사회, 인간을 객관적으로 이해하는 데는 도움을 주지 못한다.

민주주의 사회는 저마다의 확증 편향으로 작동하는 여론 다양성이 언제나 필요하다. 인간의 본성으로 볼 때 지고지선至高至善한 인간은 있을 수 없거나, 설령 있더라도 극히 드물다. 또한 뉴스 소비자의 무편향은 자칫 위정자와 무편향을 이용하려는 자에게 악용되기도 한다는 점을 생각해야 한다.

따라서 사회 구성원 각자가 갖고 있는 편향을 어떻게 사회적 의사 결정에 민주적이고 효과적으로 기여하게 하느냐가 중요하다. 여론 다양성은 그 근본 바탕이며, 누구라도 특히 위정자나 언론(인)이 자신의 신념만이 배타적으로 옳다고 여긴다면, 그 어떤 좋은 신념도 결국 사회악이 될 수밖에 없다. 다시 말해 여론 다양성은 '더 건강한 뉴스 시장'과 '저널리즘'의 동의어라고 해도 무방하다.

편향을 주입하는 뉴스 미디어

흔히 사람들은 뉴스 소비자들의 편향과 무관하게 거짓 없는 정보를 제공하는 것이 이상적인 언론의 역할이라고 생각한다. 그러나 현실은 예나 지금이나 전혀 그렇지 않다. 더 많은 뉴스 소비자들의 이목을 끌어야 하는 뉴스 공급자는 뉴스 소비자의 편향을 최우선적으로 고려하게 된다. 그리고 언제나 뉴스 소비자들은 자신들만의 확증 편향을 지니고 있으며, 이를 기준으로 뉴스를 평가하고 판단한다.

그럼에도 앞에서 소개한 것처럼 일시적으로 많은 뉴스 소비자가 무편향 상태에 놓이는 때도 있다. 쉽게 말해 '아무 생각이 없는 상태'다. 앞에서 본 예들에서처럼 국가기관이 정보 통제에 나서고, 뉴스 소비자들은 무편향 상태일 때 뉴스 공급자들은 어떤 행태와 구실을 할까?

국가기관이 정보를 철저히 통제하는 경우, 뉴스 공급자의 한계는 명백하다. 정보 통제로 뉴스 공급자가 얻는 정보량이 일상적으로 보도해야 하는 수준 이하이면, 획득한 정보 대부분을 보도할 수밖에 없게

 욕망의 덫, 오보와 가짜뉴스

된다. 취재량이 적다고 해서 신문이나 방송이 지면이나 뉴스 시간을 줄일 수는 없는 노릇이기 때문이다.

그렇다고 뉴스 공급자 사이의 경쟁이 감소하는 것도 아니다. 획득하는 정보량이 적으면, 오히려 뉴스 공급자 간의 속보 경쟁은 더 심해진다. 정보량이 적은 데다 내용의 차이가 없다면, 뉴스 공급자가 경쟁에서 앞서는 길은 오로지 "더 빠른 보도"뿐이다.

특히 국가기관이나 위정자들이 어떤 이슈에 관한 정보를 선택적으로 공급하는 상황에서, 사람들의 관심이 온통 그것에만 쏠려 있으면, 뉴스 미디어들은 국가기관이나 위정자들의 '실시간 홍보 미디어'로 전락하기 십상이다. 사람들의 관심이 집중된 사안일수록, 부족한 정보라도 앞다퉈 보도할 수밖에 없는 게 뉴스 미디어의 숙명이다.

뉴스 공급자들의 이런 행태는 그간의 보도가 오보였다는 명백한 증거가 알려지거나, 보도에 대해 대중적인 의구심이 확산되기 전까지는 지속되는 경향이 있다. 뉴스 공급자와 뉴스 시장의 태생적 구조 때문이다. 민주주의 체제의 언론이라 해도, 옛 나치 독일이나 소련, 지금의 북한 같은 전체주의 체제의 정부나 당 기관지처럼 여과된 정보만을 대중에게 전달하게 되는 것이다.

나아가 뉴스 미디어들의 이런 행태는 무편향 상태의 뉴스 소비자들에게 권력자가 원하는 확증 편향을 지속적으로 주입하는 구실을 한다. 1장에서 소개한 '베를린 장벽 붕괴 오보'나 '신탁통치 오보'가 이미 형성되어 있는 뉴스 소비자의 확증 편향에 뉴스 미디어들이 부응하는 과정에서 생겨났다면, 위정자나 국가기관이 정보를 조작해서 생겨나는 오보는 무편향 상태의 뉴스 소비자들에게 확증 편향을 형성하는 구실을 한다. 그리고 이는 다시 뉴스 미디어의 보도 편향과 '오보의 악순환'을 낳는다.

이런 일을 예방하거나 바로잡아야 하는 이는 소명 의식과 직업적 전문성으로 무장한 언론과 언론인 말고는 없다. 아울러 정보를 조작하는 국가기관이나 위정자들에 대해 정치적 반대 편향을 지닌 뉴스 미디어들의 존재도 중요하다. 이라크 전쟁 당시 폭스뉴스는 시종 전쟁을 지지하는 논조를 폈지만, 『뉴욕 타임스』는 미국 정부가 주장한 '이라크의 대량살상무기 보유'나 전쟁의 당위성에 대해 회의적인 논조를 보였다.

그렇지만 정보 자체가 부족한 상태에서는 어떤 언론과 언론인도 한계가 있다. 집권 정치 세력에 정치적 반대 성향을 지닌 뉴스 미디어들이 아무리 뛰어난 저널리스트들을 보유하고 있다고 해도 국가기관의 정보 통제와 조작에 맞서기에는 한계가 있다. 반대로 정치권력에 우호적인 편향을 지닌 뉴스 미디어들은 앞서 '한반도 신탁통치 오보'에서도 확인했듯이 앞장서서 오보를 증폭하고 재생산하는 주역이다.

따라서 부족한 정보 속에서 진실을 발견해내는 가장 효과적인 길은 저널리스트들이 합리적 의심의 끈을 놓지 않는 것뿐이다. 그런 점에서 더 잘 훈련되고, 소명 의식이 충만한 저널리스트들의 중요성은 아무리 강조해도 지나치지 않다. 하지만 놀랍게도, 유력 뉴스 미디어나 탁월한 저널리스트들도 저널리즘의 기본을 방기하는 경우가 적지 않다. 다음에서는 이에 대해 살펴보자.

저널리스트는 언제나 신뢰할 만큼 프로페셔널한가

사실 저널리스트들은 사소한 문제에는 감시의 눈길을 번득였지만, 세계사를 바꾸고 엄청난 인명을 앗아간 비극을 낳은 거짓 정보 앞에서는 무력한 경우가 적지 않았다. 여론을 조작하는 국가기관이나 위정자의 의도에 스스로 앞다퉈 뛰어들 만큼 무능했다. 그렇다면 역사가 바뀌는 중차대한 순간에, 우리는 소명 의식과 직업적 전문성을 내세우는 저널리스트들을 얼마나 믿을 수 있을까?

린든 존슨 미 행정부가 1964년 통킹만 사건을 조작해 터뜨렸을 당시, 의구심을 제기한 것은 언론이 아니었다. 미국의 상원의원 웨인 모르스Wayne Morse는 "미국이 취한 행동은 헌법에 어긋나는 행동이며 방어 행위가 아닌 전쟁 행위"라며 외롭게 저항했다. 존슨 대통령의 통킹만 사건 발표 뒤 불과 사흘 만에 통과된 전쟁 지지 결의안 표결에서 하원은 416명 전원 찬성, 상원은 90명 가운데 단 두 명이 반대표를 던졌다. 모르스는 단 한 명의 상원의원 외에는 원군을 얻지 못할 만큼 외롭게 싸웠다.

당시 모르스는 통킹만 사건의 실체가 담겨 있는 구축함 매독스호의 선박 일지를 확인하고자 했다. 하지만 린든 행정부가 제공할 리 만무했다. 결국 자신의 주장을 뒷받침하는 근거를 밝히지 못했던 모르스의 외침은 그 후로 오랜 시간 린든 행정부와 언론이 울려대는 전쟁의 '북소리'에 묻히고 말았다.

그렇다면 모르스의 원군이 되어야 할 이들은 누구였을까? 누구보다도 언론이 아니었을까? 하지만 언론이라도 모르스의 주장에 힘을 실기는커녕 눈길도 제대로 주지 않았다. 언론은 태생적으로 ‘드러나 있는 진실’이 아닌 ‘숨겨진 진실’을 드러내려 한다. 또한 그게 언론의 소명이다. 그러나 현실에서는 툭하면 이런 언론의 소명이 잊히고 그들의 기능은 작동 중단 상태에 빠진다.

이 장에서 소개한 모든 사례들에서 보듯이, 대부분의 저널리스트들은 ‘숨겨진 진실’을 드러내야 한다는 소명을 오보를 쏟아내는 속도만큼이나 빠르게 잊었다. 이러한 망각의 가장 큰 배경은 바로 뉴스 소비자의 존재였다. 저널리스트들의 규범은 그저 ‘당위’인 반면, 뉴스 소비자의 눈과 귀를 잡으려는 본성은 엄연한 ‘현실’이기 때문이다.

안타까운 일이지만 ‘당위’는 그저 당위일 뿐이다. 보도의 방향과 내용을 결정하는 더 큰 동력은 ‘당위’가 아니라 ‘부족한 정보’, ‘뉴스 소비자의 편향’, 그리고 ‘뉴스 공급자 사이의 경쟁’ 같은 현실이다. 결국 이 ‘당위’와 ‘현실’ 사이의 괴리가 그들의 치열한 경쟁을 ‘정확한 보도’보다는 ‘신속한 보도’, 나아가 ‘검증 없는 오보’로 줄달음치게 만든 것이다.

진실이든 그럴듯한 거짓이든, 최초의 충격적인 정보가 한 번 뉴스 소비자에게 전해지며 형성되는 소비자의 생각과 태도는 저널리스트들의 행동반경을 구조적으로 제약한다. 특히 위정자들은 유권자의 관심과 지지를 얻기 위해 언론을 이용하는 데 매우 능숙하다. 그게 그들의 일상이기도 하다.

또한 주지의 사실이지만, 한국의 검찰도 수사 정보를 바탕으로 언

욕망의 덫, 오보와 가짜뉴스

론을 자신의 위상 강화에 이용하는 데 오랫동안 탁월했다. 수사기관인 검찰의 뉴스 미디어 장악력이 높아진 데는 '돈 있는 자'와 '힘 있는 자'의 부정과 비리에 대한 많은 사람들의 확증 편향이 튼튼한 토대였다. '비리를 저질렀을 가능성이 높다'고 여기는 뉴스 소비자들에게 (검찰이) '그들의 비리를 발견했다'는 뉴스는 고속도로를 질주하는 스포츠카처럼 많은 이들의 뇌리에 쉽게 다다르기 때문이다.

이런 이유로, 언론은 정보를 통제하고 이용할 수 있는 정치인들과 군軍, 검찰 같은 국가기관에 대해 쉼 없이 비판적 시선을 유지해야 한다. 하지만 한국 사회에서 지금까지 언론은 정보를 통제하며 선택적 정보만을 의도적으로 흘리는 국가기관 앞에서 매우 취약했다.

따라서 언론과 언론인의 태생적 한계를 감안한다면, 군과 검찰 등 국가기관이 정보를 조작하거나 선택적으로 공개해 뉴스 미디어와 유권자를 기만하는 행위에 대해 엄중하게 책임을 묻는 제도와 관행이 자리 잡도록 해야 한다. 여기에는 '진실은 끝내 밝혀진다'는 믿음에 부합하게 시효를 두지 말아야 한다. 즉, '여론 조작 프로세스'의 '출구'에 있는 뉴스 미디어만이 아니라, '입구'에 해당하는 이들 기관의 일탈을 막는 제도적 장치가 더 긴요하다.

3장

뉴스 공급자의 일탈이 빚는
'거짓'

지금까지 우리는 오보를 낳는 두 가지 배경을 살펴보았다. 하나는 오보의 핵연료가 되는 사람들의 강렬한 욕망(1장), 다른 하나는 권력의 조작 앞에서 무력했던 언론의 민낯(2장)이었다. 이제 시선을 언론 안쪽으로 돌려보자. 저널리스트 말고는 누구도 탓할 수 없는 오보의 또 다른 세계이다. 저널리스트 자신의 그릇된 욕망과 일탈로 빚어지는 오보와 '(진실이) 아니면 말고' 식의 무책임한 보도들이다.

'잠시 속일 수는 있지만 영원히 속일 수는 없다'는 말은 진실을 드러내야 할 저널리스트의 존재 근거다. 그러나 안타깝게도 저널리스트들 가운데는 그 말의 반대편에서 살아가는 일들이 있다. 그들은 사람들을 영원히 속일 수 있을 것이라고 생각하거나, 시간이 흐르면 오보조차 사람들의 뇌리에서 잊힐 것이라고 여기는 듯하다.

하지만 어떤 오보에 대해서도 기억해야 할 것이 있다. 모든 오보의 근원에는 뉴스 소비자들이 자리 잡고 있다는 점이다. 저널리스트들이 주인공인 오보에서도 역시 마찬가지다. 모든 언론의 거짓 보도는 소비자의 욕망과 본능을 먹고 자란다. 보고 싶은 것만 보려는 인간의 욕망과 자극적인 뉴스에 눈길을 떼지 못하는 인간의 본능이 저널리스트들의 일탈을 끊임없이 부추기기 때문이다.

3.1.　현대판 '황금 섬 지팡구', 조선인민민주주의공화국

일본의 역사학자 미야자키 마사카츠의 책『세계사를 뒤바꾼 가짜뉴스』[1]를 보면, '대항해 시대의 문을 연 황금 섬 지팡구Zipangu'에 관한 이야기가 나온다. 지팡구는 '일본국日本國'의 중국어 발음을 그대로 옮겨 적은 마르코 폴로Marco Polo, 1254~1324의『동방견문록』에서 비롯된 이름이다. Japan의 유래도 바로 이 Zipangu다.

중세 유럽에『동방견문록』이 소개된 이후, 아주 오랫동안 지팡구는 유럽인들에게 금이 가득한 섬으로 전해져왔다.『농방견문록』에서 이 섬에는 누구나 금을 갖고 있고, 섬나라의 왕은 금으로 지붕을 만든 궁전에 살 만큼 막대한 금이 있다고 소개한 탓이다.[2] 많은 유럽인들이 이 말을 믿고 '황금 섬 지팡구'를 찾아 대항해에 나섰다. 아메리카 대륙을 발견한 크리스토퍼 콜럼버스Christopher Columbus, 1451~1506도 지팡구의 존재를 굳게 믿은 이 가운데 한 명이었다.

마르코 폴로는 왜 이런 허황된 얘기를 썼을까? 그가 진실이라고 믿은 것인지, 거짓임을 알고도 쓴 것인지 지금으로선 그 내막을 알 길이 없다. 그러나 자신도 보지 않은 지팡구를 황금의 섬이라 알린 데에는, 적어도 자신을 포함해 서유럽인 누구도 진위를 확인할 수 없을 것이라는 믿음이 있었기 때문이 아닐까? 탄로 날 거짓말보다는 드러나기 힘든 거짓말, 진위를 확인할 수 없는 말은 정보를 전달하는 이 누구에게나 떨치기 힘든 유혹이다.

진위가 드러나기 어려운 사안이나 적어도 단기간에 드러날 것 같지 않은 사안들에 대해서는 현대의 뉴스 공급자들도 같은 유혹에 빠지곤 한다. 이 또한 뉴스 소비자들의 강력한 확증 편향이 자양분이다. 마르코 폴로의 『동방견문록』 속 지팡구는 '미지의 세계 어딘가에 분명히 있을 것'이라는 중세 서유럽인의 강력한 확증 편향이 그 배경이었다. 현대에도 많은 사람들이 확증 편향을 지니고 있고, 그와 관련된 어떤 보도도 진위가 쉽게 확인되지 않는 경우에는 마르코 폴로를 닮은 저널리스트들이 적지 않다.

이들의 대표적인 소재가 바로 북한이다. 북한과 관련한 오보들은 예나 지금이나 셀 수 없이 많다. 진위 자체를 확인할 수 없는 보도는 그보다 훨씬 더 많다. 그럼에도 반복적으로 등장하고 있고, 국내외의 뉴스 소비자들이 북한과 관련한 이런 보도들을 접하는 것은 매우 익숙한 일이다. '북한 관련 오보'의 실상은 구글Google 검색 결과(오른쪽 사진)를 통해서도 쉽게 드러난다.

북한 관련 보도는 『동방견문록』을 참 많이 닮았다. 고품질을 지향

　　　　　욕망의 덫, 오보와 가짜뉴스

하는 저널리즘이라면 반드시 있어야 하는 정보의 출처가 사실상 명확하지 않기 때문이다. 대개 취재원이 익명이거나 "알려졌다" 류의 출처가 불분명한 보도들이 대부분이다. 또 어떤 때는 출처가 분명하거나 마치 사실을 눈앞에서 보고 썼다는 기사조차도, 실제로는 모두 처음부터 존재하지 않았던 허무맹랑한 보도였음이 밝혀지는 일도 적지 않다. 이쯤 되면 '기사'가 아니라 '창작 소설'이라고 해도 지나치지 않다.

북한 관련 오보의 역사적 사례인 1986년의 '김일성 피격 사망'
보도를 보자. 먼저 그해 11월 16일『조선일보』는 1면 5단 중간 머리
기사로 '김일성 피격설'을 실었다. '북괴 김일성이 암살됐다는 소문이
나돌아 동경 외교가가 긴장하고 있다'는 내용이었다.『조선일보』가 불
을 붙이자 한국의 모든 언론들이 폭주하기 시작했다. 특히 다음 날인
17일 정오에 나온 "북괴가 전방 지역에서 대남 확성기 방송을 통해 김
일성이 총격으로 사망했다는 방송을 실시했다"는 당시 이홍식 국방부
대변인의 발표는 타오르던 오보의 불길에 기름을 부었다.[3]

　아무리 국방부 대변인의 발표였다 해도 차분히 생각하면 김일성
주석의 사망, 그것도 총격 피살 소식을 휴전선의 '대남 방송'용 확성기
로 남쪽을 향해 알린다는 게 이치에 맞지 않았다. 그뿐만이 아니었다.
'국가원수가 피살됐다'는 데도 다음 날인 18일의 몽골 공산당 서기장
방북 일정이 취소됐다는 소식은 북한과 몽골 양쪽 어디에서도 나오지
않았다.

　하지만 당시 한국의 언론과 저널리스트들은 누구도 이런 '불합
리'에는 눈길조차 주지 않았고, 김일성의 피격 사망은 기정사실화됐
다. 17일에「김일성 총 맞아 피살」이라는 제목으로 호외號外까지 낸
『조선일보』는 말할 것도 없고,『동아일보』,『한국일보』,『경향신문』등
한국의 내로라하는 신문들이 지구촌을 흔드는 보도를 쏟아냈다. 이들
신문들의 보도 내용은 대동소이했다.

　한국 유력 신문들의 보도는 18일치에도 이어졌고, '(북한 내부의)
심각한 권력투쟁 진행', '친중공中共 군부 거사', '오극렬 실권 장악',

'평양방송 장송곡', '북괴군 영내에 일제히 반기半旗 게양', '김정일 연금 상태', '일부 주동 세력 중공中共 도피' 등 진실 같은 거짓 보도들이 쏟아졌다. 애초 '김일성 사망 뉴스'에 회의적인 사람들조차도 이런 오보의 퍼레이드 속에서 믿지 않을 도리가 없었다.

하지만 황당한 일이 벌어졌다. 18일 오전 10시 23분 UPI통신은 '김일성 주석이 평양 순안공항에서 몽고 국가원수 잠빈 바트문흐 총서기를 맞이했다'고 전 세계에 타전한 것이다. 곧이어 로이터Reuters통신도 주한미군의 말을 인용해 "(한국 국방부가 발표했던) 북한의 대남 확성기 방송은 없었다"고 보도했다. "세계적 특종"이 "세계적 오보"로

1986년 11월 17일치와 18일치 한국 신문들의 1면.

1986년 11월 18일치 『경향신문』 1면. 한국의 신문들은 '오보 사과' 대신 '김일성 생존'이라는 새로운(?) 뉴스를 보도했다.

제 모습을 드러낸 순간들이었다. 당시 전체 12개 면 가운데 7개 면을 김일성 피살 관련 기사로 도배한 『조선일보』가 독자들에게 전달된 지 서너 시간도 채 지나기 전이었다.

한국 유력 언론들의 '아무 말 대잔치'는 그렇게 막을 내렸다. 오보를 사과한 언론도 찾아보기 힘들었다. 그저 "김일성이 살아 있다"는 새로운(?) 뉴스를 보도했을 뿐이다. 그때나 지금이나 대부분의 한국 언론들은 자신들이 한 북한 관련 보도가 사실 무근으로 드러나더라도 정정이나 해명을 하는 경우는 매우 드물다. 이는 한국 언론이 오보를 낸 뒤에도, 보도의 당사자만을 의식할 뿐 독자나 시청자를 잘 의식하지 않는 대표적인 사례이기도 하다.

북한 관련 오보를 분야 별로 나눠보면 〈표 3-1〉과 같다. '북한 지도층의 숙청(체포)/망명/처형', '북한 주민에 대한 인권 탄압', '북한 내부의 사회 불안', '핵무기 등 군비軍備' 등으로 여러 갈래다. 그러나 처

욕망의 덫, 오보와 가짜뉴스

〈표 3-1〉 북한 지도층 관련 한국 언론의 오보들(첫 보도를 외신이 한 경우 포함)

시기	오보 내용	비고	시기	오보 내용	비고
1974-11-19	김정일 변장, 국제회의 참석		2013-08-29	현송월 처형	김정은의 측근 예술인
1986-11-17	김일성 피살	실제 사망은 1994년 7월	2013-09-21	리설주 포르노 제작/처형	
1994-08-25	김평일 오스트리아 망명	김정일의 동생	2013-12-11	리설주-장성택 불륜	
1996-02-17	성혜림 서방 망명	김정일의 두번째 아내	2013-12-12	리수용 처형	김정일의 금고지기
1997-11-01	이두익 망명	인민군 차수, 공화국 영웅	2014-10-17	김경희 숙청	
2001-05-03	김정남 일본 잠입	김정일의 장남	2015-10-10	김정은 건강이상	
2003-04-20	경원하 박사 망명	북한 핵(기술) 과학자	2016-02-10	리영길 처형	인민군 총참모장
2003-05-10	길재경 망명	당총비서 서기실 부부장	2019-05-15	김여정 신변이상	
2008-09-11	김정일 대역 배우설		2019-05-31	김영철/ 김혁철 노여/총살	노동당 통일전선부장/ 대미 특별대표
2011-04-21	김정은 방중		2019-06-26	후지모토 겐지 체포	김정일의 일본인 요리사
2011-11-18	김정일 사망		2020-04-17	김정은 뇌사상태/사망	

형됐다는 사람들은 부활했고, 망명했다는 이들은 멀쩡히 그 자리에 있었고, 건강이 악화됐다는 이들은 멀쩡하게 활보한 것으로 밝혀진 사례들이다. 그렇다고 오보로 확인되지 않는 다른 많은 보도들도 진실이라는 근거를 찾기 어려운 경우가 많다. 서유럽인에게 전해진 '지팡구'처럼 사실상 확인 불가의 영역이기 때문이다.

그런데 북한 관련 오보는 비단 한국 언론의 전유물이 아니다. 해외 언론에서도 북한 관련 오보는 '단골손님'이다. 이를테면, 2013년 말 나온 '장성택이 (120마리의) 개에게 뜯겨 처형됐다'는 뉴스도 그 예다.

'장성택 처형설'은 홍콩 타블로이드 신문인 『문회보文匯報』가 중국 소셜 미디어에 오른 풍자 게시물을 인용해 보도한 것으로 시작됐다. 이어 싱가포르의 유력지 『스트레이츠 타임스The Straits Times』가 『문회보』를 인용해 보도하고, 이를 다시 영국 『타임스The Times』, 미국의 폭스뉴스와 NBC 등이 재인용해서 보도했다. 타블로이드 신문 『문회보』에서 시작한 오보의 행렬이 폭스뉴스와 NBC까지 이어진 것이다.

2014년 CNN은 단 한 명의 탈북자가 한 말에 근거해 김정일의 동생이자 김정은의 고모인 김경희가 심장마비로 사망했다고 보도했다. CNN은 2015년 5월에도 '김정은 국무위원장이 고모 김경희도 독살했다'고 보도했다.

일본 언론의 북한 오보는 더 심하다. 2013년 12월 『마이니치신문』은 김정일의 금고지기로 알려졌던 '리수용 주 스위스 북한 대사가 처형됐다'는 오보를 '특종 보도'라며 1면에 실었다. 그러나 그 뒤 리수용은 멀쩡하게 살아 있는 모습으로 확인됐다. 민영 언론은 물론 공영

　　　　　　　　　　　욕망의 덫, 오보와 가짜뉴스

방송인 NHK까지 일본의 주요 언론들은 북한 관련 오보에서 타의 추종을 불허하는 독보적인 존재다. 이런 해외 언론의 오보들은 거의 예외 없이 한국 언론에서 인용 보도된다.

북한 관련 오보가 반복되는 이유

이처럼 북한 관련 오보가 나라 안팎을 막론하고 셀 수 없이 반복되는 가장 근본적인 배경은 무엇보다 북한 체제가 지닌 폐쇄성이다. 통제된 폐쇄 사회인 북한에서 벌어지는 일은 일반인뿐만 아니라 언론이나 정보기관도 진위를 확인하기 어렵다. 이런 폐쇄성에서 기인하는 '정보 부족'은 북한을 마치 중세 유럽의 '황금 섬 지팡구'와 같은 '미지의 세계'로 만든다.

이와 더불어 중세 유럽인들이 미지의 세계에 가졌던 편향처럼, 현대의 한국과 서구의 많은 뉴스 소비자들에게는 북한이 '야만적인 비정상 국가'라는 강한 확증 편향이 존재한다. 사실 언론의 오보와는 별개로 사회주의를 표방한 뒤 3대에 걸쳐 권력을 세습하는 왕조 국가, 지구상에서 가장 폐쇄된 사회, 철저한 주민 통제와 심각한 수준의 인권 탄압 등 이미 확인된 주지의 사실들은 북한에 대한 이런 확증 편향을 낳기에 충분했다.

어쨌든 뉴스 소비자의 확증 편향은 어떤 오보 유형에서도 어김없이 기름진 토양이 된다. 게다가 매우 심각한 반공·반북 이데올로기나 진영 논리가 만연한 한국 사회에서는 저널리스트들 가운데에서도 이

넘적 혹은 정치적 편견이 강한 이가 많다. 저널리스트조차 '믿고 싶은 것만 믿고, 보고 싶은 것만 보는' 것이다.

이런 요인들이 바로 북한 관련 오보가 반성 없이 반복되는 이유다. 이를 좀 구체적으로 정리하면, 첫째 북한 관련 뉴스는 많은 경우 단기간에 보도 내용을 검증하는 게 매우 어렵다. 이는 한국과 서방의 언론이 평소 검증 가능하고 믿을 만한 북한 관련 정보를 거의 얻지 못하는 데 기인한다.

둘째, 북한 관련 오보를 주로 생산하는 보수 언론과 언론인들이 지닌 집단적 확증 편향은 북한에 부정적인 보도의 경우, 검증할 필요조차 느끼지 못하게 한다. 저널리스트들은 자신의 편향 때문에 만들어 내는 오보를 항상 경계해야 한다. 오보 예방에 가장 중요한 프로세스는 뉴스룸의 동료, 데스크, 에디터들에 의한 게이트 키핑이다. 하지만 뉴스 생산 공정의 동료 대부분이 유사한 확증 편향을 지닌 경우, 검증은 매우 소홀해지기 쉽다.

셋째, 남북 분단 상황에서 한국의 정권과 정치인들은 북한 관련 뉴스를 활용해 여론 조작이나 정치적 입지 강화를 도모하는 일이 잦다. 앞서 김일성 피살 오보 당시, "북괴가 전방 지역에서 대남 확성기 방송을 통해 김일성이 총격으로 사망했다는 방송을 실시했다"는 국방부 대변인의 발표 같은 경우가 단적인 예다. 설령 오보로 곧 드러나더라도 남북 대치 상황이나 국가 안보에 대한 유권자들의 긴장과 각성을 유도하는 데는 분명한 성과를 낼 수 있기 때문이다.

실제로 한반도 분단의 고착화 속에서 때때로 남북한 간의 긴장 고

　　　　　　　　　　　　　　　욕망의 덫, 오보와 가짜뉴스

조를 원하는 주변국과 한국 내의 냉전 세력이 북한 관련 오보 양산에 영향을 끼쳐왔다. 정치권력의 정보 개입이나 조작에 의해 생겨나는 북한 관련 오보들은 2장에서 다룬 오보 유형으로 볼 수 있다.

넷째, 북한 관련 오보를 반복적으로 촉발시키는 것은 자극적인 뉴스를 통해 더 많은 뉴스 소비자들의 이목을 붙잡으려는 뉴스 미디어와 저널리스트들의 그릇된 태도다. 저널리스트의 직업윤리를 등한시하며 확인되지 않은 정보로 뉴스를 양산하고 있는 것이다. 북한 관련 보도에서 저널리스트들이 직업윤리를 등한시하는 가장 대표적인 사례는 '익명 취재원의 남발'이다.

2021년 7월 〈뉴스타파〉의 보도에 따르면, 국내 22개 주요 뉴스 미디어가 2020년 4월 이후 1년 동안 보도한 북한 관련 뉴스 2만 3000여 건 가운데, '관계자'나 '소식통' 등 익명의 취재원을 인용한 기사는 1781건에 이르렀다.[4] 그런데 북한 관련 뉴스에서는 A라는 뉴스 미디어가 익명의 출처로 뉴스를 보도하고, 다른 뉴스 미디어들은 애초의 익명 취재원은 생략한 뒤 첫 보도를 한 A를 출처로 삼는 어이없는 일들도 흔하다. 다시 말해 "실제 '익명 출처'에 기반한 북한 관련 기사는 훨씬 더 많다는 의미"라고 〈뉴스타파〉는 전했다.

언론학자 김성해에 따르면 북한 보도에서 익명 취재원의 비율은 37퍼센트이며, 이 가운데 "익명의 정부 소식통"이 66퍼센트에 육박한다. 실명 취재원 가운데서도 미국 정부 관계자의 비중이 압도적으로 높다.[5] 북한 관련 오보를 낳는 이런 패턴은 해외의 언론들에서도 유사하다.

한편 북한 관련 보도에서는 해외의 유력 언론들까지 오보의 대열에 합류하고 있다. 그 이유를 언론학자 서수민은 '(외신들에게 북한 뉴스는) 돈은 되지만 취재는 어렵기 때문'이라고 설명한다. 이 때문에 '검증 없는 보도'와 '베껴 쓰는 쉬운 기사'의 유혹에 빠졌다는 것이다.

실제로 탈냉전 이후 서구에서 국제 뉴스에 대한 수요는 크게 감소했지만, 9·11 이후의 중동과 핵개발 이후의 북한에 대해서는 뉴스 수요가 더 늘었다. 이와 관련해 서수민 교수는 "미국 AP통신(2012), 일본 교도통신(2006), 프랑스 AFP통신(2016), 캐나다·영국계인 로이터통신(2018) 등 유수 매체들이 지난 10여 년간 평양지국 개설에 갖은 노력을 들인 배경에는 서방 언론 미진출 국가라는 상징성 못지않게 이런

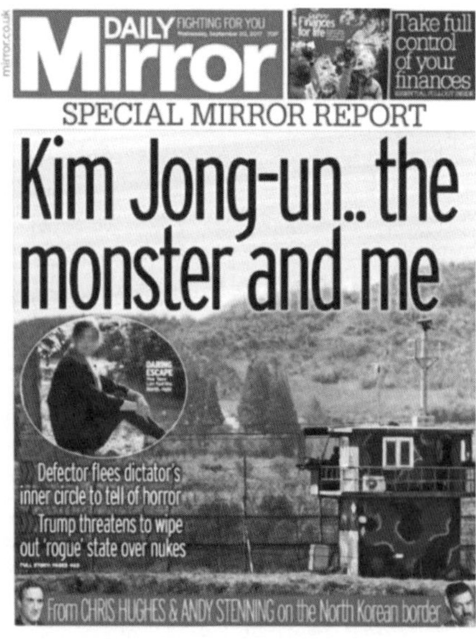

김정은을 괴물로 묘사한 탈북자의 증언을 보도한 영국 타블로이드 미디어 『데일리 미러daily Mirror』의 2017년 9월 20일자 1면.

욕망의 덫, 오보와 가짜뉴스

뉴스 수요, 즉 '돈이 된다'라는 계산이 있다"고 분석했다.[6]

이런 평가는 저널리즘적 규범이라는 관점으로만 오보의 원인과 배경을 생각하는 데서 벗어나, 뉴스 미디어의 상업적 동기와 뉴스 시장에 대한 경제학적 관점의 필요성을 생각하게 한다. 북한 관련 뉴스 수요가 클수록 북한 관련 뉴스를 생산하라는 뉴스룸 차원의 요구도 커지는데, 북한에 대한 취재 여건은 아주 나쁘다. 오보와 베껴 쓰기 보도가 쏟아지는 배경이다.

뿐만 아니라 서방과 한국의 언론들은 오보나 검증 없는 보도로 인해 치러야 할 실질적인 대가나 부작용이 거의 없다. 보도의 진위가 밝혀지지 않을 때는 물론, 오보로 드러나더라도 정정 보도의 압력이 사실상 없다. '불량 식품'을 팔더라도 사회적, 제도적 대가를 치를 필요가 없고, 또다시 불량 식품을 내놓아도 이전과 마찬가지로 팔리는 게 북한 관련 뉴스 시장의 현실이다.

요컨대 북한 관련 오보는 다음과 같은 이유로 반복되고 있다. 먼저 뉴스 시장의 배경 요인들부터 보자. 첫째, 북한 체제의 폐쇄성에서 비롯한 취재 및 검증 정보, 즉 뉴스 공급자들이 뉴스를 생산하기 위한 재료의 부족이다. 둘째, 뉴스의 공급량을 웃도는 '미지의 세계'를 향한 뉴스 소비 수요다. 셋째, 이로 인한 뉴스 미디어들의 상업주의적 보도 경쟁이다. 넷째, '북한이 야만적 비정상 국가'라는 뉴스 소비자의 확증 편향을 들 수 있다.

그리고 이런 배경 아래 직업윤리를 등한시하는 저널리스트들이 결정적인 역할을 한다. 그 어떤 강압이나 회유가 존재하지 않는데도,

이들 저널리스트들은 세상에 '오보'와 '부정확한 뉴스'를 스스럼없이 공급하는 것이다. 이런 현실은 북한에 관한 정보 및 여론 조작을 통해 이득을 보려 하는 국내외 정치 세력들에게 최적의 여건이 되고 있다.

3.2. 확증 편향을 악용한 제노비스 오보

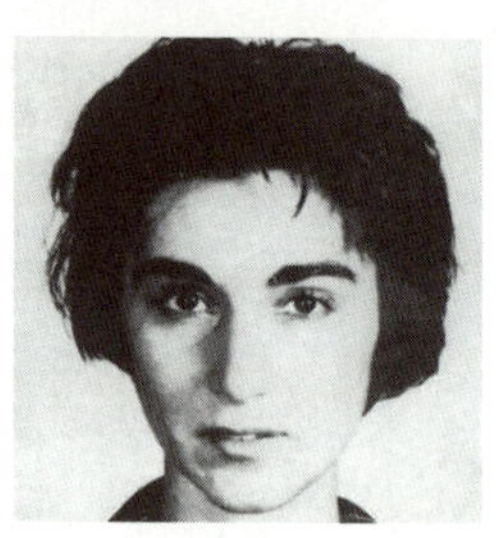

캐서린 수잔 제노비스.

1964년 3월 13일 깊은 밤, 미국 뉴욕시 퀸즈의 주택가 큐가든 거리에서 잔혹한 살인 사건이 일어났다. 당시 28세였던 캐서린 수잔 제노비스Catherine Susan Genovese가 수십 차례 흉기에 찔려 숨진 것이다. 범인 윈스턴 모슬리Winston Moseley는 곧 체포됐다. 그러나 애초에 이 사건은 범죄 도시 뉴욕에서 큰 뉴스거리가 되지 못했다.

그런데 이 사건은 2주 뒤인 3월 27일, 『뉴욕 타임스』에 의해 그 후 40여 년이나 세상 사람들을 속였던 충격적인 '뉴스'로 다시 태어났다. 1면에 하단에 실린 기사의 제목은 다음과 같았다.

"살인을 목격한 37명은 누구도 경찰에 신고하지 않았다. 퀸즈의 여성을 흉기로 찌르는 것을 본 (목격자들의) 무관심은 수사관을 충격에 빠뜨렸다."[7]

욕망의 덫, 오보와 가짜뉴스

잔인한 살해 현장과 피살자의 구조 요청을 보고 들은 목격자가 37명[8]이나 됐지만, 그들 모두 방관자였다는 것이었다. 더구나 보도에 따르면, 이런 방관 속에서 범인은 살해 현장을 떠났다가 돌아와 제노비스를 다시 흉기로 난자하기까지 했다.

『뉴욕 타임스』는 당시에도 가장 신뢰받는 언론이었고, 기사에 등장하는 취재원도 "수석 수사관Assistant chief inspector 프레데릭 M. 라센 Frederic M.Lassen" 등으로 기사의 진실성이 분명해 보였다. 당연히 기사가 전한 내용을 의심하는 사람들도 없었다. 보도의 파장의 컸다.『뉴욕 타임스』기사에 등장하는 취재원은 다시 다른 매체들의 취재원이 됐고,『뉴욕 타임스』보도는 미국 전역의 언론에 의해 더 자극적인 내용들이 더해지며 순식간에 모든 미국인들에게 전파됐다. 세계적으로도 화제가 된 것은 물론이다.

그 여파로 뉴욕시 경찰 당국은 사건 직후 긴급 신고전화(다이얼 '0번')를, 미국 정부는 4년 뒤인 1968년 연방 차원의 '911' 시스템을 도입했다. 또한 주변에 사람이 많을수록 '내가 아니어도 누가 나서서 어려운 사람을 도와주겠지' 하는 심리적 현상인 이른바 '방관자 효과 Bystander effect'가 학문적으로 자리 잡았고, 제노비스의 사례와 더불어 대부분의 심리학 교과서에 실리기 시작했다. 제노비스 사건을 소재로 한 수많은 논문과 영화, 책, 뮤지컬도 만들어졌다.

그러나 결론부터 말하자면,『뉴욕 타임스』의 보도는 완전한 거짓이었다. 목격자 숫자는 근거 없이 부풀려졌고, 그들의 방관 또한 지어낸 얘기였다. 이런 사실은 2016년 6월 3일 개봉된 다큐멘터리 영화 〈목격

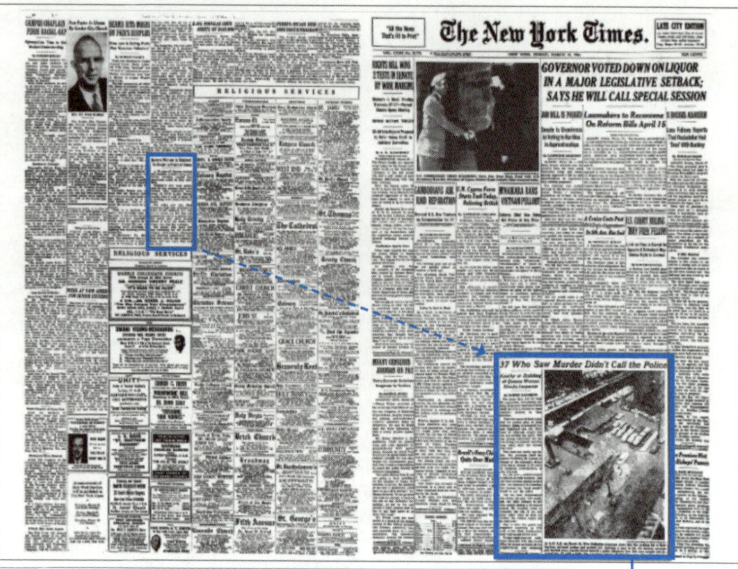

37 Who Saw Murder Didn't Call the Police

Apathy at Stabbing of Queens Woman Shocks Inspector

By MARTIN GANSBERG

For more than half an hour 38 respectable, law-abiding citizens in Queens watched a killer stalk and stab a woman in three separate attacks in Kew Gardens.

Twice the sound of their voices and the sudden glow of their bedroom lights interrupted him and frightened him off. Each time he returned, sought her out and stabbed her again. Not one person telephoned the police during the assault; one witness called after the woman was dead.

That was two weeks ago today. But Assistant Chief Inspector Frederick M. Lussen, in charge of the borough's detectives and a veteran of 25 years of homicide investigations, is still shocked.

He can give a matter-of-fact recitation of many murders. But the Kew Gardens slaying baffles him—not because it is a murder, but because the "good people" failed to call the police.

"As we have reconstructed the crime," he said, "the assailant had three chances to kill this woman during a 35-minute period. He returned twice to complete the job. If we had been called when he first attacked, the woman might not be dead now."

This is what the police say happened beginning at 3:20 A.M. in the staid, middle-class tree-lined Austin Street area:

Twenty-eight-year-old Catherine Genovese, who was called Kitty by almost everyone in the neighborhood, was returning

Continued on Page 38, Column 1

The New York Times (by Edward Hausner)

At 3:20 A.M. on March 13, Miss Catherine Genovese drove into the parking lot at Kew Gardens railroad station and parked (1). Noticing a man in lot, she became nervous and headed along Austin Street toward a police telephone box. The man caught and attacked her (2) with a knife. She got away, but he attacked her again (3) and again (4).

1964년 3월 2주 간격으로 『뉴욕 타임스』에 보도된 제노비스 피살 사건. 첫 보도(위 사진 왼쪽)는 "퀸즈의 여성이 집앞에서 칼에 찔려 사망했다"는 1단 기사였으나, 두 번째 보도(위 사진 오른쪽과 아래 사진)는 37명의 목격자가 경찰에 신고도 하지 않았다는 내용으로 1면에 실렸다. 『뉴욕 타임스』 누리집 갈무리.

자The witness〉에 의해[9] 세상에 적나라하게 알려졌다. 이어『워싱턴 포스트』를 비롯해 오보의 주역이었던『뉴욕 타임스』에 이르기까지 많은 뉴스 미디어들이 〈목격자〉가 밝혀낸 사실들을 확인 보도하며, 52년 동안 '거짓'에 덮여 있던 '진실'을 전했다.[10]

다큐멘터리 〈목격자〉에 따르면, 수전 제노비스의 남동생인 빌은 2004년부터 사건의 진실을 추적했다. 그 결과 사람들이 잠든 새벽 3시 30분께 38명이나 되는 목격자는 애초부터 없었다. 목격자는 여섯 명에 불과했지만, 두 명이 경찰에 신고 전화를 했다. 신고를 하지 않은 이들은 그저 연인 간의 다툼으로 여겼다.

무엇보다 한 이웃 여성은 제노비스를 도우러 왔고, 그녀가 숨질 때까지 그녀를 보살폈다. 그러나 '도시인들의 무관심'을 보도했던『뉴욕 타임스』의 기사는 물론, 당시 이를 받아쓴 다른 뉴스 미디어의 기사에는 이런 내용이 한 줄도 언급되지 않았다.

〈목격자〉와 뉴스 미디어들이 반세기 전과는 정반대의 사실들을 전했지만, 사람들은 이번에도 의문의 여지없이 달라진 보도를 '진실'로 받아들여졌다. '38명이나 되는 목격자들이 잔혹한 살해 현장을 방관하는 것이 가능했을까' 하는, 어쩌면 너무도 당연한 의문과 함께 말이다. 결국『뉴욕 타임스』는 2016년 10월 12일, '1964년 기사'의 온라인 버전에 "『뉴욕 타임스』와 다른 뉴스 미디어들의 이후 보도는 기사의 중요한 요소에 의문을 제기했다"는 편집자 주를 추가하는 방식으로 오보를 인정했다.

제노비스 사건의 주요 사실들에 의문을 제기한 2004년 2월 8일자 『뉴욕 타임스』 보도.

세계적인 저널리스트의 '날조'

그렇다면 반세기 이상 미국인은 물론 세계인을 속인 거짓 보도는 어떻게 세상에 나왔을까? 사실 관계부터 보면, 제노비스 살해 사건 얼마 뒤 『뉴욕 타임스』의 사회 편집장 에이브러햄 마이클 로젠탈 Abraham Michael Rosenthal은 함께 점심 식사를 하던 뉴욕시 경찰국장 마

욕망의 덫, 오보와 가짜뉴스

이클 J. 머피Michael J. Murphy한테 "책으로 쓸 만한 일"이라는 말과 함께 제노비스 사건에 대한 놀라운 전언을 듣는다.

당시 로젠탈은 4년 전인 1960년 퓰리처상을 수상했고, 5년 뒤인 1969년부터 8년 동안이나 『뉴욕 타임스』의 편집국장을 지냈을 만큼 뛰어난 저널리스트로 인정받는 이였다. 그러나 진실이 밝혀지는 과정에서 드러난 로젠탈의 행태는 이런 외양과는 전혀 어울리지 않는 부도덕함의 극치였다.

그는 '혐오스러운 도시인의 무관심'이라는 정해진 목표 아래, 선정성을 극대화하려 사실들을 의도적으로 취사선택하고 왜곡하는 데 자신에게 주어진 권한을 이용했다. 특히 위험을 무릅쓰고 피 흘리는 제노비스에게 달려가 그를 끝까지 보살핀 목격자까지 기사에서 완전히 없애버린 점은 저널리스트가 가져야 할 최소한의 윤리마저 내팽개친 행위였다. 뒷날 로젠탈은 "(목격자가) 38명이었을 수도, 39명이었을 수도 있다"며 "그러나 그 보도는 세상에 매우 큰 영향을 끼쳤다"는 후안무치함을 보였다.[11]

『뉴욕 타임스』의 저널리스트 에이브러햄 마이클 로젠탈.

훗날 드러난 바에 따르면, 당시 로젠탈의 지시로 직접 취재를 하고 기사를 쓴 『뉴욕 타임스』의 마틴 갱스버그Martin Gansberg 또한 애초 보도 내용이 사실과 다르다는 것을 알고 있었다. 갱스버그의 보도 직후, 사건을 취재한 WNBC 경찰 기자 대니 미한Danny Meehan은 갱스버그에게 "목격자들이 살인이 일어나고 있다고 느끼지 않았다"는 것을 왜 기사에 반영하지 않았는지를 물었다. 갱스버그는 "(그것을 반영하면) 기사를 망쳤을 것"이라고 답했다. 하지만 미한은 당대 최고의 저널리스트였던 로젠탈을 겁내서 침묵을 선택하고 말았다.

『뉴욕 타임스』의 제노비스 오보에는 어떤 구조적 요인들이 있었을까? 무엇보다 독자의 눈과 귀를 잡으려, 취재보도의 윤리마저 버린 로젠탈 같은 뉴스 공급자들의 그릇된 욕망이 첫눈에 들어온다. 또한 대형 오보 사태에서 빼놓을 수 없는 원인인 뉴스 공급자 사이의 경쟁이 있다. 숱한 뉴스 공급자들은 혹여 경쟁에서 뒤처질까 오보의 '쓰나미'에 앞다퉈 편승한다.

공급자들이 이런 태도를 갖게 된 이유는 역시 뉴스를 대하는 뉴스 소비자들의 확증 편향이다. 이를테면 수많은 뉴스 소비자들이 한 방향을 보고 있을 때는 반대편에서 아무리 경광등을 켜도 뉴스 소비자들의 시선을 잡지 못한다. 에너지가 가득 차 있는 쓰나미에 몸을 맡기는 것이 더 효과적이라는 그들의 경험과 판단이 주요하게 작동하는 것이다. 『뉴욕 타임스』 보도의 문제를 알고도 침묵해버린 대니 미한 같은 저널리스트들도 크게 보면 이런 사례에 포함된다고 하겠다.

또한 제노비스 오보는 로젠탈은 물론 갱스버그나 미한 같은 저널리스트들이 진실과 공익보다 자신들의 이해를 더 중시할 수 있다는 점을 잘 보여준 사례이기도 하다.

그러나 제노비스 오보에서 뉴스 소비자의 확증 편향은 앞선 다른 오보 사례들과 다른 특징을 갖고 있었다. 인간의 내면에 존재해 평상시에는 잘 인식하지 못하지만, 겨울잠에서 깨어나듯 특정한 뉴스에 아주 쉽게 공감하는 '숨겨진 확증 편향'이다.

사람들은 38명이나 되는 목격자들이 살해 현장을 방관하는 일은 '비정상적'이라고 생각하면서도, 마음속 한편에서는 '충분히 있을 수 있는 일'로 믿는 이중적인 생각을 지니고 있었다. 후자가 바로 '숨겨진 확증 편향'이었다. 이 오보가 반세기에 걸친 생명력을 얻을 수 있었던 이유도 바로 숨겨진 확증 편향이었다.

이런 숨겨진 확증 편향을 감지하는 저널리스트는 직업적 능력으로 보자면 탁월한 감각을 지닌 사람이다. 그러나 로젠탈은 그 좋은 능력으로 사실을 조작하는 악행을 저지르고 말았다. 로젠탈과 같은 저널리스트는 그 이후에도 세상에 여럿 나왔고, 앞으로도 또 나올 것이다.

오보의 바벨탑은
어떻게 지어지는가

실제보다 더 생생한 디테일로 창조되는 거짓들

1964년 8월 미국의 유력 매체들은 앞다퉈 통킹만 사건을 톱 뉴스로 다뤘다. 8월 14일자에 「통킹만의 전투Action in Tonkin Gulf」를 표지 이야기로 실은 세계적 주간지 『타임Time』도 그중 하나다. 『타임』의 역사에서도 잊지 못할 오보다.

당시 『타임』의 기사들에서는 미 해군의 매독스호와 북베트남 해

1964년 8월 14일자 『타임』의 표지.

욕망의 덫, 오보와 가짜뉴스

군 함정 사이에 벌어졌다는 통킹만의 전투가 파노라마처럼 펼쳐졌다. 포성 소리가 들리고 화약 냄새가 느껴지는 듯한 생생한 묘사가 가득했다. 미 정부 수뇌들의 숨 가쁜 움직임에서는 그들의 발자국 소리가 들리는 듯했다. 그만큼 묘사는 세밀했다. 기사의 양도 무려 '1만 9000여 자'나 됐다.[1]

그런데 정작 미국 정부가 개전을 정당화한 '북베트남의 공격'에 대한 기술은 '650자'에 불과했다. 이마저도 '코를 찌르는 화약 냄새', '어둠을 뚫은 대담한 질주', '섬뜩하게 타오른 밤', '물속을 지글거리며 지나간 10발의 어뢰' 등 수식어 표현으로 가득했다.[2]

반면에 적시된 사실들은 (전투 시작 시각인) '오전 9시 52분', (북베트남 함정이 발포한 거리인) '2000야드', (전투가 진행된 시간인) '3시간 30분'과 '(북베트남 함정) 두 척의 침몰'이 전부였다. 물론 훗날 북베트남의 공격 자체가 없었다는 점을 생각하면, 이런 사실들조차 날조였다. 이해하기 어려운 점은 그뿐이 아니었다. '매우 작고 연약한 북베트남의 모기떼 같은 함대'가 125척의 미 7함대를 왜 공격했는지에 대한 설명, 즉 북베트남의 동기에 관해서는 일언반구도 없었다.

훗날 '워터게이트 보도'와 '펜타곤 보고서' 등 세기적 특종 보도를 지휘한 『워싱턴 포스트』의 전설적인 편집국장 벤저민 크라운실드 브래들리Benjamin Crowninshield Bradlee는 다음과 같이 고백했다.[3]

"(통킹만 사건 당시 『타임』 등 뉴스 미디어의 보도에는) 전투 장면을 묘사한 생생한 디테일이 있었습니다. 그러나 단 하나의 문제가 있었죠. 전투가 없었다는 것입니다. 이 진실이 밝혀지기까지 20년이 걸렸습니다."

저널리스트가 존재하지도 않는 거짓을 이렇게 생생하게 묘사한다는 것은 참으로 이해하기 어렵다. 그렇지만 생생한 디테일은 진실을 빼닮은 거짓을 만들기 위한 가장 긴요한 수단이다. 게다가 아이러니하게도 신뢰받는 유력 언론일수록 사건의 묘사와 극적 전개가 더 치밀하다.

1986년의 '김일성 피격 사망' 오보 당시인 11월 17일치 『조선일보』 호외의 헤드라인은 「김일성 총 맞아 피살」이었다. 이어진 기사를 보면 "휴전선 이북의 선전마을에는 16일 오후부터 반기가 게양되었"고, "휴전선의 북괴군 관측소 2개소에선 '김일성이 총격을 받아 사망했다'고 했고, 4개소에선 '김정일을 수령으로 모시자'는 대남방송을 했다"고 보도했다.

그러나 실제로는 어느 하나도 존재하지 않았던 일이다. 기사에서는 "열차 타고 가다 총격받았다"며 총격의 장소까지 구체적으로 특정했지만, 김일성은 멀쩡히 살아 있었다. "김정일을 수령으로" 추대하자는 대남방송이 있었다고 했지만, 이 또한 있을 수 없는 일이었다. "평양의 보도기관은 침묵을 지키고 있다"고 한 같은 지면의 기사를 보더라도, 평양은 조용한데 남한 쪽에 먼저 '김일성의 사망 소식'을 알렸다는 건 말도 안 되는 소리였다. 허구를 만들어내는 『조선일보』의 디테일은 거침이 없었다.

뉴스에 '사실들'이 얼마나 담겼는지를 따져보기도 힘든 일반 뉴스 소비자들에게, 사실들이 실제로 존재했는지까지 따지는 일은 사실

　　　　　　　　　　　　욕망의 덫, 오보와 가짜뉴스

1986년 11월 17일자 『조선일보』 호외 1면.

상 불가능하다. 게다가 저널리스트들조차 진위를 의심하기 어려울 만큼 디테일이 가득하면, 사람들은 거짓의 늪에서 깊숙이 빠져들 수밖에 없다.

이처럼 '사실처럼 보이는 디테일'은 거짓을 가장 진실로 만드는 도구다. 그리스 신화에서 진실의 형상을 흉내 낸 돌로스의 조각상을 프로메테우스가 진짜로 오인했다는 일화가 떠오른다. 오보도 마찬가지다. 진실을 흉내 낸 정교한 디테일 앞에서 뉴스 소비자의 마지막 의심마저 쉽게 무너진다.

아무리 진실을 빼닮았다 해도 거짓에는 허점이 있기 마련이다. 하지만 뉴스 소비자들이 확증 편향에 매몰될수록 거짓임을 감지할 수 있는 기사의 행간을 읽어내지 못한다. 그 때문에 정보를 조작하고 대중을 기만하는 권력이나 금력, 그리고 소설 같은 오보를 내는 언론은 바로 그런 대중의 허점을 활용한다.

오보의 메커니즘

오보는 우연히 생기지 않는다. 그 안에는 인간의 욕망, 권력의 계산, 언론의 일탈이 복잡하게 얽혀 있다. 1장에서 살펴본 '뉴스 소비자와 생산자의 합작', 2장의 '위정자의 기만', 3장의 '뉴스 공급자의 일탈'은 모두 이 메커니즘의 톱니바퀴들이다. 이 세 축을 바탕으로 전통 언론에 등장하는 오보의 메커니즘을 정리하면 다음과 같다.

(1) 언론의 자유는 오보를 막지 못한다.

미국을 포함한 서구 세계는 언론이 자유를 누리는 사회다. 그러나 '통킹만 사건 오보', '제노비스 오보' 등 역사적인 오보들은 모두 미국 언론의 오보다. 자유로운 언론이 거짓을 증폭시킨 것이다. 언론의 자유는 '진실에 이르는 환경'이 아니라 '거짓이 퍼지는 통로'가 되기도 한다.

(2) 오보는 언제나 확증 편향 위에서 자란다.

오보는 사람들의 믿고 싶은 마음을 먹고 자란다. 전쟁을 낳은 '이라크의 대량살상무기'는 마치 전쟁을 예열하듯 언론을 통해 수없이 반복됐다. 어느 언론도 확실한 증거를 제시한 적이 없었지만, 사람들은 믿었다. 사담 후세인이 이미 '악의 축'이라는 이미지가 굳어진 상황에

　　　　　　　　욕망의 덫, 오보와 가짜뉴스

서, 다수의 미국인들은 진실보다 두려움을 택했다.

(3) 경쟁은 언론을 진실에서 멀어지게 한다.

뉴스 소비자들의 눈과 귀를 먼저 잡으려는 언론의 경쟁은 언제나 치열하다. 오보가 현실을 만들어낸 '베를린 장벽 붕괴 오보'는 전 지구적 차원에서 벌어진 언론들의 경쟁이 빚은 결과였다. 속보 경쟁은 언론을 "가장 빠른 거짓"을 향해 줄달음치게 한다. 속도는 정확성을 삼키고, '특종'이라는 단어는 종종 '허구'와 자리를 바꾼다.

(4) 지속적인 편향 보도는 오보를 싹 틔우는 비료다.

사람들이 오보에 쉽게 속는 이유는, 편향된 보도에 이미 오랫동안 포섭됐기 때문이다. '강기훈 유서 대필 오보' 이전부터 그 시절 언론은 '운동권은 과격하다'는 이미지를 집요하게 반복해 보도했다. 동료의 분신을 방관하고 유서까지 대신 썼다는 오보가 '진실'이라고 받아들여진 데는 반복적인 편향 보도가 자리 잡고 있었다.

(5) 무지와 충격은 거짓 정보에 활짝 문을 연다.

뉴스 소비자가 해당 사안에 어두울수록 권력기관의 선택적 정보 제공이 훨씬 쉽게 먹힌다. 유서 대필 사건이나 통킹만 사건 같은 충격적인 사건은 사람들을 잠시 무편향 상태로 만든다. 뉴스 소비자들의 무지와 무편향은 그들에게 의심의 여지를 없애고, 거짓 정보가 달리는 고속도로다.

（6） 사회의 양극화는 오보를 오래 살아남게 한다.

사회가 양극화되고 언론이 진영 논리에 갇힐수록 오보는 쉽게 생산된다. 좌우로 갈라진 사회에서 언론은 진영의 유불리를 먼저 따지고, 그 속에서 만들어진 오보는 각 진영의 '진실'이 된다. 이는 다시 새로운 오보를 낳는다. 사회와 언론이 쪼개지면 "진실은 결국 승리한다"는 자유 언론의 이상도 힘을 잃는다.

（7） 마지막 붓놀림은 언제나 언론인의 몫이다.

오보를 만드는 사람은 결국 언론인이다. 권력의 정보 통제와 조작이나 소비자의 욕망이 아무리 강해도, 언론인이 없다면 오보는 존재할 수 없다. 게다가 '제노비스 오보'처럼 오보의 '유일한 주역'이 언론인인 경우도 적지 않다. 이때는 언론인이 기록자가 아니라 픽션과 거짓의 창조자였다.

진실은 언제나 늦게 온다

"17세기의 어느 저널리스트가 말했듯이 '진실은 시간의 딸이다 Truth is the daughter of time'. 그런데 시간은 뉴스를 다루는 사람이 한 번도 가져보지 못하는 사치품이다."

- 뉴스 역사가 미첼 스티븐스Mitchell Stephens[4]

뉴스의 세계에서 '시간의 딸'은 언제나 늦게 도착한다. 소명 의식

 　　　　　　　　　　　　　욕망의 덫, 오보와 가짜뉴스

으로 충만한 언론인만 있는 세상에서도 이런 현실은 달라지지 않는다. "진실이 온전한 모습을 드러낼 때까지는 오랜 시간이 걸린다"는 벤저민 브래들리의 말은 저널리스트의 영원한 직업적 진리다.

진실이 지각하면 그만큼 거짓은 활개 칠 시공간이 많아진다. 게다가 뉴스 시장은 보고 싶은 것을 보고자 하는 인간의 기대와 욕망으로 가득 차 있다. 오보를 부르는 인간과 사회의 본성이자 숙명이다.

이런 오보들을 조금이라도 줄일 방법은 언론인들이 시간 부족의 숙명을 지녔다고 해도 욕망의 바벨탑 짓기에 동참하지 않는 것이다. 그 당위를 붙잡지 않으면, 언론은 더 이상 언론일 수 없다. 하지만 당위는 당위일 뿐이다. 우리는 당위만으로 현실을 개선할 수 없다.

아울러 객관적 현실은 오보가 뉴스 공급자, 즉 언론만의 문제가 아님을 보여준다. 뉴스 소비자, 뉴스 공급자, 권력과 자본, 이 모든 주체가 서로를 움직이며 끊임없이 오보를 낳기 때문이다. 따라서 진실에 한 걸음이라도 더 다가서는 일은 오보를 낳는 뉴스 시장의 원리, 인간과 사회의 한계를 인정하는 데서 시작된다.

뉴스 소비자의 확증 편향은 이를 이용하는 사람들에게는 공략의 대상이고, 뉴스 공급자에게는 거부할 수 없는 뉴스 생산의 기준이며, 뉴스 소비자 자신에게는 인간의 본성과 한계가 만든 마음의 울타리다. 듣고 싶은 뉴스만 듣고, 보고 싶은 사실만 보려는 인간의 욕망은 언론의 일탈을 부추기고, 때로 권력의 정보 조작을 용이하게 한다. 오보는 기자의 펜 끝에서 완성되지만, 그 씨앗은 독자의 편향이라는 온상에서 싹튼다. 즉, 뉴스 소비자가 수동적인 피해자인 것만은 아니다.

따라서 뉴스 소비자가 확증 편향에서 완전히 벗어날 수는 없지만, 반가운 뉴스든 불편한 뉴스든 언제나 의심하는 태도는 가질 수 있다. 이런 작은 거리두기만으로도 오보는 줄어들고, 권력과 언론의 결합이 만드는 거짓의 파도가 쓰나미로 바뀌는 것은 막을 수 있다. 감정보다 이성을 앞세우는 사람들이 많아질수록 오보의 생산 회로에는 균열이 생길 수 있다.

오보는 사라지지 않는다. 병균 없는 세상은 불가능해도 사람들이 더 건강하게 사는 세상은 가능하듯, 오보를 근절할 수는 없어도 줄일 수는 있다. 진실은 언제나 늦게 오지만, 그 늦음을 견딜 수 있는 사회와 조금이라도 진실을 일찍 맞이하려는 깨어 있는 뉴스 소비자들만이 거짓 정보의 피해를 줄일 수 있다.

이제 2부에서는 전통 언론의 오보보다 더 빠르고, 더 넓게 퍼지는 새로운 거짓—가짜뉴스의 세계로 들어가 보자. 진실이 늦게 오는 시대를 지나, 이제는 거짓이 너무 빨리 오는 시대다. 클릭 한 번으로 거짓이 전 세계를 선점하는 그런 세계다.

　　　　　　　　　욕망의 덫, 오보와 가짜뉴스

2부

오래된 현실 '가짜뉴스'

가짜뉴스fake news :
뉴스 보도로 가장하여 유포되는 거짓, 때로는 선정적인 정보.
• false, often sensational, information disseminated under the guise of news
  reporting.

거짓이 너무 빨리 오는 시대의 풍경

세상은 전과 달라졌다. 시간이 흘러야 진정한 진실이 본모습을 드러내는 것은 여전하다. 하지만 거짓의 세상은 크게 변모했다. 디지털 인프라의 등장과 함께 이제 거짓은 실시간으로 전 세계를 거미줄처럼 연결하는 인터넷을 타고 쉼 없이 흐른다. 전통 언론이 쌓아 올렸던 오보의 바벨탑만 보던 시절에서, 이제는 디지털 공간을 바이러스처럼 누비는 크고 작은 수많은 거짓과 마주하는 시대다.

2017년 11월, 콜린스 영어사전이 '가짜뉴스_fake news_'를 올해의 단어로 선정한 것은 '가짜뉴스 시대'의 등장을 알리는 나팔 소리였다. 당시 신정위원회를 비롯해 AP통신 등 많은 서구 언론은 가짜뉴스를 세계적 유행어로 만든 이로 도널드 트럼프 미국 대통령을 지목했다. 『가디언』은 트럼프가 이 용어를 "발명했다"고도 전했다.[1] 수많은 정치인들이 트럼프의 뒤를 이었다. 자신에게 비판적인 뉴스를 '가짜뉴스'라고 외치기 시작한 것이다. 이제 그런 정치인들은 셀 수도 없다.

마틴 배런『워싱턴 포스트』전 편집국장의 말처럼, 정치인들에게는 언론 보도가 "이익이 되면 진실, 이익과 멀면 거짓"이다. 정치인들에게 비판적인 뉴스가 모두 가짜뉴스일 리는 없다는 말이다. 그러나 대중에게 막대한 영향을 끼치는 정치인들이 앞다퉈 이 단어를 입에 올리기 시작하면서, 가짜뉴스는 모든 이들의 용어가 됐다. 진실조차 가짜뉴스가 되는 어지러운 세상이 된 것이다.

그러나 가짜뉴스의 시대는 출발 신호만 주어지면 뛰어나가는 스프린터처럼 이미 농익어 있었다. 프롤로그에서 밝혔듯, 언론의 신뢰 추락이 부른 시대적 변화다. 20세기 후반 이후 전통 언론에 대한 대중의 누적된 불만은 진실을 전한다는 언론과 전문가들 전반에 대한 불신으로 확대됐다. '(언론이 전하는) 진실보다 (자신이 지닌) 믿음을 중시한다'는 '탈진실post-truth'을 옥스퍼드 영어사전이 그해의 단어로 선정한 것은 콜린스 영어사전이 '가짜뉴스'를 선정한 때보다 1년 앞선 일이었다.

사람들이 체감하는 진실이 사라지면 가짜뉴스 같은 거짓 정보를 체감하는 일은 자연스럽게 늘 수밖에 없다. 달리 보면 트럼프의 감각적 언어 능력은 탁월했다. 사실, 부정확한 정보나 거짓 정보를 체감하며 사는 이들에게 '가짜뉴스'보다 더 간명하고 효과적인 단어도 찾기 어렵다.

이제 가짜뉴스는 어디서나 비난과 우려의 대상이다. 폐해와 대책을 거론하지 않는 사회는 찾아보기 힘들고, 많은 분야의 연구자들이 '가짜뉴스'라는 주제와 씨름한다. 저널리즘이나 커뮤니케이션학과 심리학, 사회학, 경제학, 법학 등 인문·사회과학에서 컴퓨터공학 등 공학에 이르기까지 학자들이 뛰어든 분야도 다양하다. 연구 대상도 가짜뉴스의 정의定義에서 생산과 유통, 영향, 기술적·법적 규제 방안에 이르기까지 광범위하다.

그런데 이런 노력에도 불구하고 명쾌한 해법을 찾았다는 소식을 들은 사람이 있는가? 비판과 우려는 풍성하지만, 정작 해법은 중구난방이다. 지금까지 부작용이 적은, 제대로 된 대책을 실천하는 나라도 없다. 이는 가짜뉴스에 대한 우리의 이해가 아직도 크게 부족하다는 뜻이다. 지금이라도 가짜뉴스 현상을 이해하는 관점의 재구성이 필요하다는 얘기다. 이 책에서는 다음과 같은 시각과 관점으로 이에 부응하려 한다.

첫째, 가짜뉴스라는 용어에 대한 좀 더 유의미한 이해가 필요하다. 가짜뉴스의 뜻은 사람들마다 제각각이다. 어떤 이들에게는 '명백하게 조작된 뉴스나 정보'다. 하지만 정치인들이나 그들의 맹렬한 지지자들에게는 자신들에게 비판적인 뉴스다. 이들에게는 '불리한 뉴스'의 신뢰를 실추시키려는 의도적인 용어다. 이와 달리 전통 언론이나 대다수 학자들에게는 군소 뉴스 사이트나 일반인들이 소셜 미디어를 통해 유통시키는 거짓 정보들을 뜻한다. 두 가지 가짜뉴스는 구분할 필요가 있다.

둘째, 가짜뉴스 현상은 전통 언론의 신뢰 추락과 불가분의 관계에 있다. 전통 언론을 불신할수록, 소셜 미디어와 인터넷 커뮤니티에서는 전통 언론을 대체하는 정보 수요가 늘어난다. '탈진실'과 '가짜뉴스'

는 동전의 양면처럼 등장했다는 것이다. 따라서 전통 언론의 신뢰 추락을 논외로 하고, 페이스북이나 유튜브 같은 소셜 미디어만을 주목해서는 가짜뉴스의 문제를 이해하기 어렵다.

셋째, 언론과 학자, 법률가 같은 전문가들에 대한 대중의 불신, 즉 탈진실 시대의 전개는 포퓰리스트populist 정치인들의 범람을 낳았다. 태생적으로 포퓰리스트일 수밖에 없는 정치인들이 진실보다는 대중의 믿음에 영합하며 '가짜뉴스'를 합창하고 있다는 것이다. 특히 가짜뉴스 현상에는, 전통 언론과 그 반대편에 선 포퓰리스트 정치인들 간의 진실 쟁취 다툼도 포함되어 있다.

넷째, 가짜뉴스는 새로운 현상이 아니다. 때문에 인류 역사에서 지금처럼 가짜뉴스가 급격히 증가한 시기는 없었는지, 있었다면 그 이유나 배경은 무엇이었는지 차분히 파악하고 이해할 필요가 있다. 지난 역사를 통해 가짜뉴스를 이해하는 것은 지금의 가짜뉴스 문제를 좀 더 객관적으로 볼 수 있게 한다.

다섯째, 가짜뉴스는 '미디어의 발전'과 '커뮤니케이션 진화'라는 틀에서 이해할 필요가 있다. 디지털 시대 이후 뉴스 유통 인프라나 사람들의 소통은 혁명적으로 변화했다. 거짓 정보의 생산과 소비 구조는 아날로그 시대와는 비교조차 할 수 없다. 과거에는 거짓 정보의 공급자가 최초의 생산자나 그 주변의 소수였지만, 지금은 수많은 사람들이 거짓 정보의 생산, 중개, 소비에 관여한다. 그리고 이는 가치판단을 하기에는 이미 되돌릴 수 없는 불가역적 진화다.

여섯째, 가짜뉴스 현상은 나라마다 크고 작은 정도의 차이가 있

욕망의 덫, 오보와 가짜뉴스

다. 뉴스 소비자와 생산자, 정치적 양극화 수준, 전통 언론의 신뢰도 등 서로 다른 여러 요인이 복합적으로 작용한 결과다. 한국은 전통 언론의 정파성과 진영 논리가 강해 전통 언론의 오보와 소셜 미디어의 가짜뉴스 간 경계가 다른 선진국보다 훨씬 흐릿하다. 미국은 유권자에 비해 언론의 민주당 편향이 강하고, 세계 최고의 페이스북 이용률 때문에 소셜 미디어의 가짜뉴스 문제가 크게 부각된다. 반면에 핀란드를 비롯한 북유럽에서는 전통 언론의 신뢰도가 높고 정치적 양극화도 심하지 않아 가짜뉴스가 상대적으로 덜하다.

일곱째, 대체로 사람들은 경험과 직관에 따라 가짜뉴스가 주는 폐해의 심각성을 기정사실로 받아들인다. 하지만 직감과 실제는 다른 경우가 많다. 좀 더 객관적인 시각도 필요하다. 무엇보다 사람들이 느끼는 가짜뉴스의 폐해가 실제로도 그런지는 객관적인 연구와 데이터를 통해 확인해야 한다.

끝으로, 가짜뉴스 문제를 다룰 때 유념해야 할 가장 현실적인 관점이다. 디지털 시대에 공급되는 정보는 폭증했다. 가짜뉴스도 그만큼 크게 늘었다고 생각할 수 있다. 그러나 정보의 홍수 속에 정보의 실질적 유효(유통) 기한은 크게 단축됐다는 점도 생각할 필요가 있다. 뉴스와 정보가 홍수를 이루지만, 동시에 쉽게 잊히고 있다는 것이다.

더구나 사실을 왜곡하거나 날조한 가짜뉴스는 상대적으로 유효 기간이 더 짧다. 유효 기간이 짧으면 폐해도 대개는 그만큼 감소한다. 거짓이 진실 행세를 하는 기간이 수십여 년 이상일 때와 단 며칠이나 몇 개월일 때의 폐해가 같지 않다는 것이다.

수천 년 동안 진실로 믿어진 천동설이나, 길게는 수십 년에 걸쳐 '진실' 행세를 한 유력 언론들의 오보들과 요즘의 가짜뉴스는 크게 다르다. 같은 거짓 정보라도 인간과 사회에 오랜 기간 영향을 주는 경우와, 바람처럼 다가왔다가 흔적 없이 사라지고 단기간에 걸러지는 경우는 구분해서 생각할 필요가 있다.

지금까지 소개한 시각과 관점으로 지금의 가짜뉴스를 다시 보기 위해서는 현미경과 망원경이 모두 필요하다. 가짜뉴스의 다양한 형태, 가짜뉴스가 생겨나는 원인, 가짜뉴스의 생산자와 유통 구조 같은 근경近景은 '현미경'으로, 가짜뉴스의 지난 역사와 사회의 정치적 선택에 미친 영향 같은 원경遠景은 '망원경'으로 살펴봐야 한다. 하지만 이를 모두 전하는 것은 두꺼운 책 한 권으로도 부족하다.

따라서 이 책에서는 그간 가짜뉴스 관련 논의에서 제대로 다뤄지지 않은 내용을 중심으로 다룬다. 이어질 4장에서는 가짜뉴스의 유형을, 5장에서는 왜 범람하는지를, 6~8장에서는 역사적 맥락을, 그리고 9장에서는 그 영향력을 살펴본다.

4장

무엇이
가짜뉴스인가

'가짜뉴스'의 뜻을 모른다고 여기는 이는 드물다. 부정확한 정보는 모두 가짜뉴스라 불리지만, 그 실례를 들여다보면 층위와 갈래가 다름을 알 수 있다. 가짜뉴스라는 표현이 범람하는 이유는 이처럼 용어가 포괄적인 뜻으로 쓰이는 동시에 서로 다른 여러 의미로 사용되기 때문이다. 의도하지 않은 실수부터 악의적인 날조까지 모두 '가짜뉴스'라는 한마디로 통칭되는 것이다.

이를테면, 과거에는 '오보'나 '앞뒤가 안 맞는 보도' 등으로 말하던 대상들까지 이젠 모두 "가짜뉴스"라는 한마디로 통칭된다. 의도하지 않은 실수로 생긴 부정확한 보도부터 거짓을 유포하려고 날조한 뉴스까지 모두 "가짜뉴스"라는 소리를 듣기도 한다. 물론 이렇게 불리는 모든 가짜뉴스들이 결과적으로 거짓임에는 틀림이 없다.

그러나 사회적으로 대응해야 할 대상은 '의도적인 거짓 정보'다. 착오나 과실로 생긴 부정확한 보도까지 모두 같은 이름으로 묶으면, 문제의 본질을 이해하기 어렵고 대책도 혼란스러워진다. 특히 보도의 의도나 중대한 과실 여부와 관계없이 가짜뉴스라는 통칭에 입각해 규제에 나선다면, 더 큰 부작용을 부를 수 있다. 가짜뉴스를 잡으려고 하다 '진실 보도'를 위축시킨다면, 가짜뉴스의 폐해보다 작은 문제라고 할 수 없기 때문이다.

그렇다면 어떤 뉴스와 정보를 가짜뉴스라고 할 수 있을까? 가짜뉴스라는 용어의 유래부터 살펴보자. 2017년의 단어로 '가짜뉴스'를 선정한 콜린스 영어사전에 따르면, 가짜뉴스에 대한 사회적 인식이 전면화한 것은 2016년 미국의 대통령 선거 때였다. 당시 페이스북에는 다음과 같은 가짜뉴스들이 최소 수십만 회 이상 공유됐다.

"(민주당 대선 후보인) 힐러리가 IS에 무기를 팔았다."
"힐러리 이메일 유출과 관련된 FBI 요원이 숨진 채 발견됐다."
"프란치스코 교황이 (공화당 대선 후보인) 트럼프를 지지하고 나섰다."
"조지 소로스가 선거 결과에 항의하는 사람들을 돈으로 달랬다."

이들 가운데에서도 특히 '교황이 트럼프를 지지했다'는' 가짜뉴스는 페이스북에서 100만 번 이상 공유됐다. 웬만한 유력 언론의 주요 뉴스들을 훨씬 능가하는 규모였다. 각양각색의 출처와 내용을 지닌 가짜뉴스들이 수십만 혹은 수백만 번 이상씩 유권자들에게 공유되는

　　　　　　　　　　　욕망의 덫, 오보와 가짜뉴스

현실에서 가짜뉴스가 선거에 영향을 미칠 것이라는 생각은 지극히 자연스러운 일이었다.

뿐만 아니라, 가짜뉴스는 다른 나라에서도 선거 시기에는 더욱 증가하고 주목도도 커졌다. 독일에서는 "앙겔라 메르켈Angela Merkel 총리가 인공수정으로 태어난 히틀러의 딸"이라는 가짜뉴스가, 캐나다에서는 "카스트로가 저스틴 트뤼도Justin Trudeau 총리의 생부"라는 가짜뉴스가 등장했다. 한국의 사례들은 이미 독자들도 거의 예외 없이 경험하고 있을 터여서 굳이 덧붙일 이유가 없을 듯하다.

이처럼 2016년 미국 대선이 '가짜뉴스의 온상'이 된 이후, 가짜뉴스의 문제는 지구촌을 뜨겁게 달구기 시작했다. 유권자들의 정치적 의사결정이 가짜뉴스에 의해 왜곡될 수 있다는 사회적 우려도 갈수록 커졌다. 그럴수록 민주주의의 근본을 뒤흔드는 가짜뉴스의 문제를 해결해야 한다는 숙제가 지구촌 모든 나라에 안겨진 것이다.

4.1.　　'풍자'에서 '날조'까지

그렇지만 무엇이 가짜뉴스인지 이해하고 따져보는 일은 생각처럼 간단하지 않았다. 왜 그럴까?

먼저 누구나 "가짜뉴스"라는 표현을 쉽게 쓰지만, 이런 가짜뉴스는 사실 여러 가지 의미로 쓰인다. 가짜뉴스를 표현하는 용어도 그만큼 많다. 요즘 우리가 얘기하는 가짜뉴스라는 단어가 영어에서 온 만큼, 가짜뉴스와 관련된 영어 표현들부터 살펴보자.

우선 가짜뉴스를 뜻하는 영어의 대중적 통칭은 'fake news'다. 저널리즘 학자들에 따르면, 'fake news'는 원래 미국에서 뉴스 쇼 프로그램의 '정치적 풍자'에 쓰인 말이었다. 뉴스news와 가짜fake가 만난 것은 1990년대 미국의 〈데일리 쇼The Daily Show〉나, 영국의 〈더 데이 투데이The Day Today〉 같은 토크쇼와 코미디 프로그램이었다. 이때만 해도 fake news는 실제로 사람들을 속이려는 게 아니라, 드러내놓고 사실과 거짓을 섞은 풍자였을 뿐이다.

그러다가 2005년께부터 풍자가 아니라 악의로 유포된 거짓 뉴스에도 가짜뉴스라는 표현이 쓰이기 시작했고, 2016년 미국 대선을 계기로 본격적인 대중 용어가 됐다. 사람들을 속일 목적으로 만들어진 경우나, 트럼프 같은 정치인이 자신에게 우호적이지 않은 전통 언론의 뉴스를 비판하면서 이를 모두 가짜뉴스라고 부르기 시작한 것이다.

이때부터 가짜뉴스는 소셜 미디어를 통해 전파되는 조작된 뉴스에서부터 부정확한 사실이 포함된 뉴스, 적절하지 않은 맥락의 뉴스, 전통 뉴스 미디어의 오보를 모두 망라하는 뜻으로 통용되고 있다. 특히 진위 여부와 무관하게 정치인 등이 자신에게 불리한 뉴스의 신뢰를 실추시키려는 의도로도 쓰이고 있다. 결국 가짜뉴스는 유사하지만 구별할 수 있는 개념들을 모두 포괄하는 다의적多意的인 용어가 됐다.[2]

가짜뉴스에 포괄적으로 담기는 거짓 정보들은 생산의 의도성과 용어를 사용하는 목적이라는 두 가지 축으로 구별할 수 있다. 생산 의도를 기준으로 보면, '의도적인 거짓 정보Disinformation'와 '의도하지 않은 실수Misinformation'가 있다. 용어 사용의 목적을 기준으로 보면, 사실관계를 조작한 뉴스를 일컫는 fabricated news 등이 있고, 정치적 이해관계자가 뉴스의 신뢰를 실추시키려는 목적으로 쓰는 fake news가 있다. 이를 정리하면 〈표 4-1〉과 같다.

<표 4-1> 가짜뉴스 개념의 용례

"가짜뉴스"라는 표현을 쓰는 목적	
사실관계를 조작한 뉴스를 일컫는 경우	fabricated news / pseudo-press
이해관계자가 뉴스의 신뢰를 실추시키려는 경우	fake news
가짜뉴스 생산의 의도성 여부	
의도하지 않은 거짓 정보/뉴스	misinformation
의도한 거짓 정보/뉴스	disinformation
의도 여부와 무관	inaccurate news, incorrect report, false news

이런 다양한 가짜뉴스들 가운데에서도 문제가 되는 것은 사람들을 속일 목적으로 만들어지는 가짜뉴스들이다. 거짓 정보를 만드는 의도의 수준에 따라 잘못된 정보를 분류한 클레어 워들Claire Wardle의 '7가지 유형'(〈표 4-2〉)은 우리가 일상에서 접하는 가짜뉴스에도 다양한 층위가 있음을 보여준다.[3]

미디어커뮤니케이션 학자이자, 거짓 정보에 관한 연구기관 '퍼스트 드래프트First Draft'의 설립자이자 대표인 워들의 구분을 보면, 전통 언론을 포함한 모든 뉴스 생산자들이 만들어내는 다양한 유형의 부정확한 정보들을 효과적으로 이해할 수 있다.

먼저, '① 풍자Satire/Parody'의 경우는 가짜뉴스 논의에서 문제를 삼을 대상 자체가 되지 않는다.

'② 내용상의 불일치False connection', '③ 오해를 낳는 콘텐트Misleading content', '④ 잘못된 맥락False context' 등은 고의의 정도가 약하거나, 저급하거나, 정파적 편향이 강한 언론(인)에 의해 일어난 결과다. 익숙한 일이다.

문제는 '⑤ 출처 가장 콘텐트Imposter content', '⑥ 조작된 콘텐트

<표 4-2> 잘못된 정보Disinformation and Misinformation의 7가지 유형

① 풍자 Satire/Parody 해를 끼칠 의도는 없으나 바보 같은 이들에게는 영향	③ 오해를 낳는 콘텐트 Misleading content 사건과 사람의 윤곽을 잘못 파악하게 하는 적절하지 않은 정보	⑤ 출처 가장 콘텐트 Imposter content 뉴스/정보의 출처를 가장한 터무니 없는 정보	⑦ 날조된 콘텐트 Fabricated content '새로운 모든 정보'는 속이기 위해 100% 날조

← 고의성의 정도 →

② 내용의 불일치 False connection 제목/캡션/이미지/본문 사이의 잘못된 연결	④ 잘못된 맥락 False context 진실을 잘못된 맥락의 정보와 결합	⑥ 조작된 콘텐트 Manipulated content 속이기 위해 진짜 정보들을 조작

욕망의 덫, 오보와 가짜뉴스

Manipulated content', '⑦ 날조된 콘텐트Fabricated content'다. 이들은 조작의 방식이나 정도에만 차이가 있고, 거짓 정보를 전하려는 의도가 분명한 경우다.

각각의 예를 들어보겠다. 2016년 미국 대통령 선거 시기의 가짜뉴스로, 앞에서 거론한 '교황의 트럼프 지지', '힐러리의 무기 판매' 등의 뉴스들은 모두 '⑦ 날조된 콘텐트'들이다. 1장에서 살펴본 사례 가운데『뉴욕 타임스』의 '제노비스 오보'는 '⑥ 조작된 콘텐트'이며, 국내외 뉴스 미디어들의 수많은 '북한 관련 오보'는 '풍자'를 제외한 전 유형에 걸쳐 있다. 또 '베를린 장벽 붕괴' 당시의 오보들은 '③ 오해를 낳는 콘텐트'이거나 '④ 잘못된 맥락'에 속한 것들이었다.

이러한 구분 말고도 유사한 분류들이 학자들에 따라 여럿 있다.[4] 이들은 모두 뉴스 생산자가 만들어내는 거짓 정보들을 다양한 유형으로 구분해 설명한다.

4.2.　분별하기 어려운 '과실'과 '고의'

이처럼 가짜뉴스로 통칭되는 거짓 정보들도 다양하게 구분되는 까닭에, 학자들은 '가짜뉴스fake news'라는 용어 대신 '조작된 뉴스fabricated news'나 '거짓 언론pseudo-press'이라는 표현을 쓰자고 제안한다.[5] 거짓 정보에 관한 논의를 '의도한 거짓'에 한정하는 셈이다. 워들의 잘못된 정보의 분류를 기준으로 한다면, ⑤ 출처 가장 콘텐트

Imposter content, ⑥ 조작된 콘텐트Manipulated content, ⑦ 날조된 콘텐트Fabricated content만으로 가짜뉴스의 개념을 좁혀보자는 것이다.

경제학자 헌트 알코트Hunt Allcott와 매튜 젠츠코우Mattew Gentzkow는 2016년 미국 대선에서 펼쳐진 소셜 미디어와 가짜뉴스의 실상과 영향을 연구한 논문을 발표했다. 이 논문은 지금까지 1만 2000여 회나 다른 학자들이 인용했다. 알코트와 젠츠코우도 좁은 의미의 가짜뉴스 개념을 쓴다.

이들에게 가짜뉴스는 "의도적이고 검증 가능한 거짓이며 독자를 오도誤導할 수 있는 뉴스"다.[6] 뉴스 생산자의 능력과 자질 부족에 기인하거나, 진실을 왜곡한 뉴스라도 의도성을 명백히 확인하기 어려운 거짓 보도는 시야에서 제외하는 것이다. 가짜뉴스에 대한 이러한 정의는 '의도성'에 '검증 가능성'까지 담고 있다는 점에서, 가짜뉴스 규제를 위한 사회적 합의에서 '최소 공약수' 구실을 한다.

물론 이런 접근 방식에는 불가피한 한계가 있다. '잘못된 맥락'이나 '오해를 낳는 콘텐트'처럼 의도의 여부를 쉽게 확인할 수 없는 경우는 논외가 된다. 또 주로 이런 방식으로 진실을 왜곡하거나 거짓 정보를 제공하는 전통 언론들은 시야에서 멀어지게 되고, 가짜뉴스 문제의 대상은 군소 뉴스 미디어나 소셜 미디어 사용자와 블로거 등으로 줄어드는 결과를 낳는다.

그러나 거짓 정보에 이를 전한 이들의 고의 여부를 구분하는 것은 사실 매우 어렵다. 거짓 혹은 부정확한 뉴스로 드러난 경우에도 명백한 창작과 날조인지, 아니면 실수인지를 분간하기가 쉽지 않고 많은

　　　　　욕망의 덫, 오보와 가짜뉴스

경우 불가능한 일이다.

특히 전통 언론을 포함해 모든 뉴스 공급자들도 확증 편향은 물론 진위 판단의 인간적인 한계를 지니고 있다. 그들도 자신들이 수집한 사실들facts을 여과filtering하고, 자신의 판단과 욕망에 따라 뉴스를 생산하는 일이 일상으로 벌어진다. 이 과정에서 무엇이 실수이고 무엇이 의도적인 것이었는지는 당사자가 고백하지 않는 한 밝혀내기 어렵다. 때로는 당사자들이 의도성 여부조차 자각하지 못한다. 즉, 거짓 정보의 폐해에도 불구하고 이를 제도적으로 규제하는 데에는 한계가 있을 수밖에 없다.

요컨대, 일반적으로 통용되는 '가짜뉴스'라는 용어는 명징하게 정리되거나 모든 이에게 일관되게 공유되는 개념은 아니다. 고의가 없는 실수로 생산된 거짓 정보와 의도적인 정보 교란 행위 사이에는 회색지대가 존재한다. 여기에 정치인들이 자신들에게 불리한 뉴스에 낙인처럼 찍는 "가짜뉴스"까지 감안하면 일반인들의 혼선은 불가피하다. 많은 이들이 '가짜뉴스는 그냥 가짜뉴스지 무엇을 더 구체적으로 따질 필요가 있을까' 하는 의문을 제기할 수 있지만, 그게 꼭 그렇지 않다.

가짜뉴스의 폐해 속에서 나라마다 이에 대한 대책 마련에 머리를 쥐어짜고 있다. 그러나 어느 나라나 법제도화 단계에서 정치권 내부는 물론 시민사회와 정치권, 정치권과 언론계 사이에 심한 갈등을 빚는다. 가짜뉴스나 오보의 개념은 어떻게 정의해야 할지, 가짜뉴스라는 판정은 누가 어떤 기준으로 내려야 할지, 가짜뉴스의 피해는 어떻게 산정해야 할지 등 풀기 어려운 난제들 때문이다. 하나같이 정답을 찾는 일이 쉽지 않다.

규제 필요성에 대한 목소리가 커질수록, 우리는 반드시 다음 내용을 따져보아야 한다. 첫째, 규제 대상인 가짜뉴스를 어떻게 정의할 것인가? 둘째, 누가 어떤 기준으로 가짜뉴스 여부를 판별할 것인가? 셋째, 규제에 따르는 부작용은 없는가? 인류 역사의 교훈은 언론에 대한 어떤 '직접적 규제'도 결국 부작용을 낳았다는 것이다. 따라서 가짜뉴스를 적절히 규제하는 제도를 만드는 것은 '부작용 없는 약'을 만드는 것만큼이나 어려운 일이다.

욕망의 덫, 오보와 가짜뉴스

5장

가짜뉴스는 왜
어떻게 세상에 범람하게 됐을까

가짜뉴스는 어느 날 갑자기 등장한 적이 없다. 우리는 늘 뭔가를 잘못 듣고, 잘못 믿고, 잘못 퍼뜨리며 살아왔다. 그런데 오늘날 우리가 경험하는 가짜뉴스는 과거와는 다르다. 만드는 사람이나, 나르는 사람의 수가 헤아리기 어려울 정도로 많아졌다는 새로운 현상 때문이다. 사람들은 왜 이렇게까지 열심히 가짜뉴스를 만들고, 또 믿고, 또 퍼뜨릴까?

거짓 정보가 생겨나고 퍼지는 근본 원리는 예나 지금이나 같다. 그러나 우리가 이번 세기 들어 갑자기 맞닥뜨린 가짜뉴스의 범람은 그 원인을 차분하게 이해하기 어렵게 한다. 하지만 언제나 그랬듯이 가짜뉴스가 생겨나 퍼지는 이유는 여전히 인간적이다. 또 생각보다 다양하다. 누군가는 돈을 벌기 위해 그것을 만들고, 누군가는 자신의 믿음을 강화하기 위해 그것을 소비하며, 누군가는 화풀이하듯 세상에 도발하려 만들고 퍼뜨린다. 시대를 막론하고 가짜뉴스를 낳는 인간과 사회의 본성이다.

여기에 오늘날의 가짜뉴스에는 몇몇 요인들이 더해졌다. 이 요인들은 기존의 양상을 전반적으로 증폭시키는 역할을 한다. 기성 언론은 신뢰를 잃었고, 사회는 양극화됐고, 소셜 미디어는 이 모든 현상을 증폭시키는 거대한 스피커가 됐다. 변치 않는 인간의 본성에 '시대적 조건'이 추가된 셈이다.

그렇다면 변함없는 본성에 변화한 미디어 기술과 사회상의 변화가 더해진 가짜뉴스 현상은 어디서부터 이해해야 할까? 답은 간명하다. 가짜뉴스의 영원한 뿌리인 가짜뉴스를 만들고 소비하는 사람의 본성이다. 디지털 시대의 정보통신 기술이 가짜뉴스 현상을 증폭시키는 것은 분명한 사실이다. 하지만 확성기보다는 음원, 즉 가짜뉴스를 만들고 소비하는 인간의 심리에 대한 이해가 우선이라는 뜻이다.

따라서 우리는 가짜뉴스의 생산을 늘리거나 증폭시키는 기술 환경은 잠시 논외로 하고, 가짜뉴스 현상의 정치 사회적 원인들을 살펴본다. 이를테면 소셜 미디어는 분명 가짜뉴스 현상의 강력한 촉매지만, 그 촉매가 기능하게 하는 것은 결국 가짜뉴스 시장의 공급자와 소비자인 우리 모두이기 때문이다.

가짜뉴스를 만드는 동기에 관한 전문가들의 설명은 좀 더 체계적이지만, 사실 큰 맥락은 엇비슷하다. 『가디언』, 『워싱턴 포스트』 등에서 일한 저널리스트 제임스 볼James Ball은 '돈을 벌기 위해' 혹은 '재미와 쾌감을 얻기 위해', 그것도 아니면 '정치인들이나 그 지지자들이 정

 욕망의 덫, 오보와 가짜뉴스

치적 이득을 얻기 위해' 지어낸다고 말한다.[1] 또 클레어 워들Claire Wardle
은 가짜뉴스를 만드는 동기를 '질 낮은 저널리즘', 풍자, 도발, 열정, 당
파성, 이윤, 정치적 영향력, 선전의 일곱 가지로 세분하기도 한다.[2]

가짜뉴스를 만들고 전파하며 소비하는 동기들을 더 세분해 찾아
보면, 이 말고도 더 많은 요인들을 거론할 수 있을 것이다. 그러나 이
책에서는 그 가운데에서도 핵심만을 두 범주의 다섯 가지 요인으로 추
려 설명한다. 첫째 범주는 인간의 본성이다. ① 금전적 이익, ② 선정성
에 대한 강한 끌림, ③ 확증 편향을 비롯한 인지적 한계가 여기에 포함
된다. 두 번째 범주는 가짜뉴스의 범람을 낳는 악순환 구조다. ④ 가짜
뉴스의 에너지원인 정치적 양극화, ⑤ 전통 언론의 신뢰 추락과 탈진
실 풍조가 그것이다.

5.1.   인간의 본성

돈

도널드 트럼프가 미국 대통령으로 당선된 2016년 겨울, 뒤늦
게 전해진 소식이 지구촌을 놀라게 했다. 선거를 앞둔 여름 소셜 미디
어에서 엄청난 인기를 끌었던 '친트럼프 성향'의 가짜뉴스들이 어떻
게 만들어졌는지가 뒤늦게 드러난 때문이었다. 가짜뉴스의 주역들은
물론, 그들이 만들었던 지역도 모두를 놀라게 했다.

'교황의 트럼프 지지', '(영화배우) 로버트 드니로, 힐러리가 아닌 트럼프 지지' 같은 수많은 가짜뉴스들이 만들어진 곳은 발칸반도의 작은 나라 북마케도니아였다. 그중에서도 주민 4만 5000명의 소도시 벨레즈였다. 이 작은 도시에서 100개가 넘는 가짜뉴스 사이트가 운영되고 있었다. 대표적으로는 '유니버스 폴리틱스Universe Politics', '프레시 뉴스Fresh news' 같은 사이트들이었다.

이런 사실은 가짜뉴스의 출처를 찾아 나섰던 『가디언』과 온라인 뉴스 미디어 『버즈피드BuzzFeed』 등의 탐사취재로 드러났다.[3] 더욱이 벨레즈의 가짜뉴스 사이트를 운영한 이들이 모두 10대와 20대 청년들이었다는 점은 사람들을 또 한 번 놀라게 했다. 이들은 대부분 사무실조차 없었고, 집과 카페에 앉아 미국의 극우파 성향 블로그들을 뒤지며 단초를 얻어 그럴듯한 가짜뉴스를 하루 종일 만들어냈다. 그들이 만든 가짜뉴스들도 모두 친트럼프 성향 일색인 이유였다.

그렇다면 이들은 왜 8000킬로미터나 떨어진 곳에서 벌어지는 미

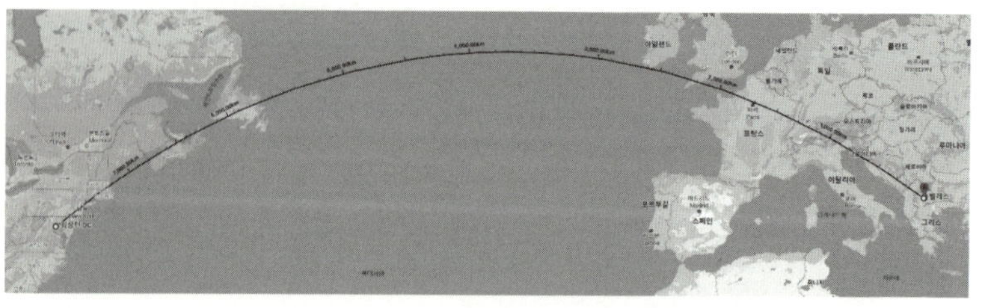

〈그림 5-1〉 가짜뉴스의 출발지와 도착지

북마케도니아의 벨레즈와 미국 워싱턴 D.C. 사이의 거리는 약 8000킬로미터다.

욕망의 덫, 오보와 가짜뉴스

국의 대통령 선거에 한쪽 편을 들며 뛰어들었을까? 『버즈피드』와 『가디언』에 따르면, 벨레즈의 청년들은 트럼프 지지자도, 클린턴을 반대한 이들도 아니었다. 사실 그들에게는 트럼프나 힐러리를 지지할 만한 까닭도 없었다. 미국 대선의 결과에 이해관계도 없었고, 미국의 정치에 관한 정치적 편향도 갖고 있지 않았다.

이유는 오직 하나, '돈'이었다. 디지털 시대에 소셜 미디어나 웹포털에 올린 콘텐츠는 곧 돈이었기 때문이다. 벨레즈의 청년들이 트럼프 지지자를 겨냥해 페이스북에 만들어 올린 가짜뉴스는 불과 며칠 만에 수십만 개의 '좋아요'가 붙었다. 누군가 '좋아요'를 누를 때마다, 누군가 가짜뉴스를 볼 때마다 그들의 수입은 치솟았다.[4] 구글 같은 웹포

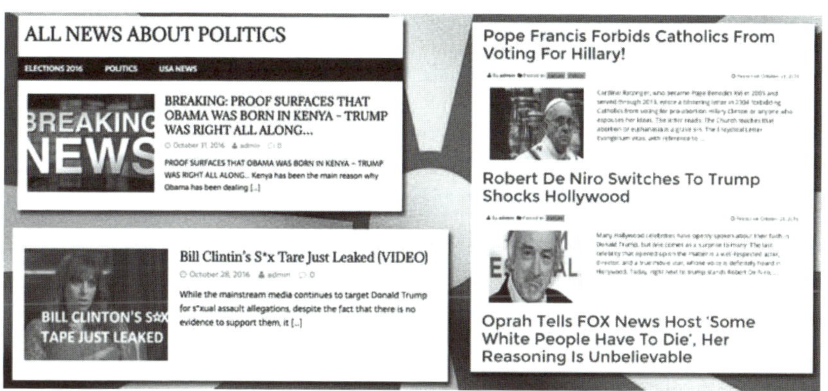

〈그림 5-2〉 마케도니아 청년들의 가짜뉴스들

마케도니아의 청년들이 유에스 폴리틱스 사이트에 올린 가짜뉴스들. '오바마 전 미국 대통령이 케냐에서 출생했다'거나 '교황이 가톨릭 신자들에게 힐러리에게 투표하지 말라고 했다'는 가짜뉴스들이 눈에 띈다(출처 『BuzzFeed』).

털과 페이스북 같은 소셜 미디어의 높은 조회수는 그때나 지금이나 큰 광고 수익을 뜻한다.

『버즈피드』와의 인터뷰에서, '본업은 뮤지션musician'이라고 밝힌 17세의 한 청년은 가짜뉴스 사이트 운영은 "경제가 몹시 열악한 북마케도니아에서 10대들이 찾아낸 '창의적인 돈벌이'"라고 말했다. 이들은 미국의 우익 웹사이트에서 끌어 모은 내용들을 100퍼센트 표절하거나 활용해 대부분의 게시물들을 만들었다. 이들은 감각적인 제목을 달았고, 신속하게 자신들의 사이트에 게시했다. 이어 페이스북에 공유하며 트래픽을 만들어냈다. 트래픽이 많아질수록 가난한 청년들의 통장에는 수익금이 쌓여갔다.

가짜뉴스를 만들어 뿌리는 이유 중 하나는, 예나 지금이나 바로 '돈'이다. 그리고 현대에는 이른바 소셜 미디어 기업들과 웹포털 기업들이 이를 효과적으로 뒷받침해준다. 그리고 가짜뉴스를 만들어 팔수록 돈이 된 이유는 이를 소비하려는 사람들이 그만큼 많았기 때문이다.

선정성

가짜뉴스를 만드는 이유가 '돈' 때문이라면, 그 배경에는 가짜뉴스에 빠져드는 가짜뉴스 소비자들이 있다. 수요가 존재하고 수지 타산이 맞으면 공급자가 등장하는 것은 인간과 시장의 철칙이다. 따라서 가짜뉴스를 만들어 퍼뜨리는 일이 수지 타산에 맞는 일이 되면, 가짜뉴스를 만들어 공급하는 것은 언제나 있었던 일이다. 진위를 불문하

　　　　욕망의 덫, 오보와 가짜뉴스

고 사람들이 어떤 정보나 뉴스에 빠져드는 가장 대표적인 이유는 그 정보가 지닌 선정성이다. 선정적인 뉴스에 눈길을 주는 것은 인간의 본성인 까닭이다.

오래전 인쇄된 종이 신문이 나오기 전, 손으로 글을 적어 만들 던 필사筆寫 뉴스 시절에도 '남자가 아이를 낳았다'거나 '20미터나 독 액을 뿜어내는 뱀이 나타났다'는 선정적인 뉴스들이 가장 흔했다. 심 지어 프랑스에서는 가엾게 처형당한 한 소녀에 관한 동일한 뉴스가 1597년, 1616년, 1623년 등 세 번에 걸쳐 이름과 장소, 때만 바뀌어 보도된 기록도 남아 있다.[5]

그렇다면 오늘날은 다를까? 많은 사람들은 그래도 요즘은 이렇게 황당한 가짜뉴스가 없을 것이라고 생각할 것이다. 하지만 그런 예상은 현실이 아니다. 2021년 10월 17~18일 『조선일보』, 『중앙일보』, 『한 국경제』, 『서울신문』, 『파이낸셜뉴스』, 『머니투데이』, MBN, 『이데일 리』, 『인사이트』 등 한국 유력 언론들의 웹사이트에는 몇 글자 다르지 않은 같은 일에 대한 뉴스가 일제히 올라왔다. '1.5룸을 청소하는 데 100만 원을 받았다'는 글이 온라인 커뮤니티에서 화제라는 뉴스였다.

특히 쓰레기가 산더미처럼 쌓인 사진과 청소 전과 청소 뒤의 모습 을 함께 담은 사진은 많은 이의 눈길을 끌었다. 『조선일보』를 비롯해 4 개 뉴스 미디어에서는 이 뉴스가 '많이 본 뉴스' 1~4위에 올랐다. 그 러나 이 뉴스는 이미 2년 전인 2019년 한 포털 사이트의 청소 카페에 올라와 논란이 됐던 내용이었다. 심지어 1년 전인 2020년에도 새로 운 뉴스인 양 보도됐었는데, 다시 또 기사화된 것이었다. 뿐만 아니라

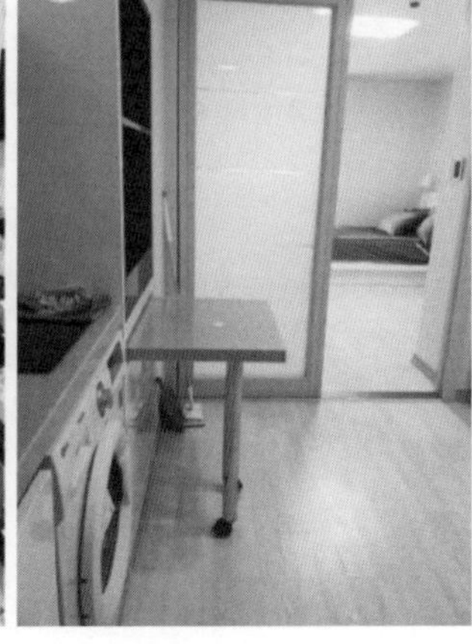

100만 원을 받고 청소했다는 출처 불명 보도의 사진.

한국의 유력 언론들이 쏟아낸 기사에는 사진이 언제, 어디에서 찍힌 것인지, 커뮤니티에 글을 올린 이는 누구인지 등도 모두 빠져 있었다.[6]

이 뉴스는 처형당한 가엾은 소녀에 관한 400여 년 전의 뉴스와 조금도 다를 바가 없었다. 이런 일이 벌어지는 가장 근본적인 이유는, 선정적 뉴스에 앞뒤 가리지 않고 눈길부터 주는 인간의 본성 때문이다.

또한 여러 번 우려먹을 수 있는 가짜뉴스는 이를 공급하는 사람들에게는 최고의 가성비를 지니고 있다. 유력 언론도 클릭 장사에서 예외가 아닌 시대에, 이 언론들 또한 북마케도니아의 청년들과 다를 바가 없다. 그리고 항상 볼 준비가 되어 있었던 독자들은 어김없이 선정적인 뉴스를 보기 위해 자신의 시간을 소비한다.

가짜뉴스에 항상 어김없이 들어 있는 공통된 핵심 속성은 바로 선정성이다. 뉴스 역사가 미첼 스티븐스Mitchell Stephens에 따르면, 선정적

 욕망의 덫, 오보와 가짜뉴스

인 뉴스는 인쇄 뉴스 초기에도 일반적이었고, 심지어 고대 로마 시대의 '신문'이라 할 수 있는 '악타Acta'[7]에서도 흔하게 발견된다고 한다. 선정적인 뉴스에 대한 관심은 문자가 발명되기도 이전이었던 원시 사회에서도 다르지 않았다. 이를 두고 스티븐스는 "뉴스에 끊임없이 등장하는 선정주의에 대한 책임의 대부분은 미디어 기업이 아니라 우리 자신의 본성에 있다는 사실을 거부하기 어렵다"고 말한다.

선정성을 미끼로 삼아 우리의 눈과 귀를 가짜뉴스로 이끄는 원천은 바로 뉴스 소비자들인 우리 자신에게 있다는 것이다. 그리고 이런 뉴스 소비자들은 뉴스 생산자들에게 때로는 '돈'이고, 때로는 '정치적 이익'이며, 때로는 '대중을 속였다는 그릇된 쾌감'이다.

부주의와 확증 편향

요즘의 가짜뉴스가 가진 대표적 특징은 가짜뉴스를 생산하고 유통하는 주체들이 이전 아날로그 시대와는 크게 달라졌다는 점이다. 과거에는 가짜뉴스의 공급자가 최초 가짜뉴스를 생산한 사람이나 그 주변 몇몇에 불과했다. 그러나 거의 대부분의 사람들이 소셜 미디어 네트워크에 참여하고 있는 요즘은 크게 다르다.

디지털 시대에는 가짜뉴스 소비사의 상당수가 다른 이들에 대한 가짜뉴스의 공급자 구실도 하고 있다. 이전 시기, 즉 대중 미디어만 있던 시기에는 신문과 방송이라는 대중 미디어의 거대한 '스피커'만 통제하면, 가짜뉴스의 전파 경로는 실질적으로 대부분 차단될 수 있었다. 그러나 지금은 대중 미디어 말고도 지구 끝에서 끝까지 수많은 사람들이 인터넷으로 연결되어 있고, 소셜 미디어가 정보와 의견을 지구적 차원에서 나누는 유통망으로 작동하고 있다.

이런 구조에서는 사람들이 소셜 미디어나 인터넷 커뮤니티에서 정보와 콘텐츠를 공유하는 행위가 정보를 전달하는 행위다. 그게 가짜뉴스라면 가짜뉴스의 공급과 유통에 수많은 사람들이 적극적으로 개입하는 것이다. 그러나 소셜 미디어에서 사람들의 공유 행위는 매우 가볍게, 신중하지 않게 이뤄지는 경우가 많다. 대부분의 사람들은 소셜 미디어상에서 평소보다 더욱 부주의한 경우가 많다.

이와 관련해 심리학자 고든 페니쿠크Gordon Pennycook와 뇌인지과학자 데이비드 랜드David G. Rand의 연구 결과[8]는 흥미로운 시사점을 준다. 두 학자에 따르면, 많은 사람이 그들의 정치적 편향 때문에 가짜뉴스에 속는다고 생각하지만, 실상은 그 반대였다. 사람들은 자신의 정치 성향에 맞는 뉴스일수록 진위를 더 잘 구분했다. 대신에 "사람들이 진위를 잘 식별하지 못하는 이유는 신중하게 추론하지 않거나 관련 지식이 부족하고, 또는 익숙함에서 오는 '휴리스틱heuristics(어림짐작 셈법)'과 관련되어 있었다"고 페니쿠크와 랜드는 말했다.

이들은 또 사람들이 소셜 미디어에서 가짜 정보를 마구 퍼뜨리는 이유도 "나쁜 의도 때문"이기보다는 대부분 부주의 때문이라고 설명했다. 사람들이 공유 버튼을 누르는 순간에는 '이게 맞나?'를 깊이 생각하지 않는다는 것이다. 이를 설명하기 위해 페니쿠크와 랜드는 유명한 퀴즈를 예로 든다. "방망이와 공의 가격은 총 1달러 10센트인데,

     욕망의 덫, 오보와 가짜뉴스

방망이는 공보다 1달러가 더 비싸다. 공의 가격은 얼마인가?"

대부분의 사람들은 "10센트"라고 답한다. 그러나 정답은 5센트다. 10센트는 직관적으로 떠오르지만, 정답을 찾으려면 숙고하는 과정을 거쳐야 발견할 수 있다.[9] 만약 이렇게 직관적이지만 틀린 정보가 뉴스나 소셜 미디어를 통해 확산된다면 어떤 일이 벌어질까? 당연히 잘못된 정보가 더 빨리, 더 넓게 퍼져 나갈 수밖에 없다. 많은 사람들이 '생각하는 과정'을 생략하기 때문이다.

이처럼 소셜 미디어에서 가짜뉴스가 걷잡을 수 없이 번지는 데에는 사람들의 악의보다 일상적인 부주의가 더 큰 몫을 한다. 허버트 사이먼, 대니얼 카너먼, 아모스 트버스키, 리처드 세일러 등 노벨상을 받은 경제학자들이 강조했듯이, 인간의 판단은 '제한된 합리성bounded rationality'에 의해 제약된다. 인간은 늘 완벽하게 이성적으로 판단하지 못하며, 감정의 영향을 받고, 시간이 부족하고, 뇌는 에너지를 절약하려 한다. 그래서 사람은 어려운 계산 대신 직관을 선택하고, 복잡한 검증 대신 익숙함을 믿는다. 바로 그 순간, 가짜뉴스는 현실이 된다.

우리는 정보의 소비자이면서 동시에 공급자인 시대에 살고 있다. 이런 세상에서는 사람들의 일상적인 부주의는 가짜뉴스를 확대 전파하는 주요한 요인이다. 가짜뉴스가 이런 사람들의 일상적 부주의를 파고드는 데 가장 효과적인 에너지는 사람들의 확증 편향이다. 인간이면 누구나 지닌 확증 편향은 사람들이 이성적으로 숙고하려는 의지를 앗아 가기 때문이다. 북마케도니아 청년들의 황당한 가짜뉴스가 100만 번이나 공유된 이유다.

사실 많은 경우 사람들이 거짓말에 속는 이유는 거짓말이 몹시 그
럴듯한 때문이기보다는 그 말을 믿고 싶어 한 탓이다. 사람들은 자신
의 확증 편향 혹은 신념에 부합할수록 매우 적극적으로 가짜뉴스를 소
비하고 전파한다. 심지어 어떤 이들은 정치적 목적을 위해서 가짜뉴스
임을 알면서도 전파한다. 이처럼 인간의 '제한된 합리성'은 부주의와
착오를 낳고, 확증 편향은 그릇된 신념을 부추기며 가짜뉴스의 온상으
로 구실한다.

5.2.   가짜뉴스를 키우는 비옥한 토양

가짜뉴스는 인간의 본성에서 비롯되지만, 오늘날 가짜뉴스
가 폭발적으로 확산되는 이유는 또 있다. 바로 우리가 사는 시대의 배
경이다. 언제 어디서나 존재했던 '거짓 정보'가 지금 유난히 큰 문제로
떠오른 것은, 가짜뉴스가 자라기 좋은 토양이 마련되었기 때문이다.
대표적인 것이 정치적 양극화와 사람들의 탈진실 풍조다.

정치적 양극화

사람들은 저마다 정치적 성향을 갖고 있고, 그 성향은 언제나
뉴스 소비의 기준이 된다. 하지만 그 편향이 한 사회에서 어떤 방식으
로 분포하고 있느냐(중도층이 두터운지, 양극화가 심한지)에 따라 뉴스 소비

                                        욕망의 덫, 오보와 가짜뉴스

의 양상은 완전히 달라진다. 가짜뉴스의 소비 역시 예외가 아니다.

이를 가장 잘 보여주는 자료가 미국의 초당파적 여론조사 기관 퓨리서치센터가 조사한 정치 성향 분포다. 〈그림 5-2〉는 1994년과 2017년, 민주당 지지층과 공화당 지지층의 이념적 위치가 어떻게 변화했는지를 보여준다. 왼쪽 끝은 극단적 자유주의, 오른쪽 끝은 극단적 보수주의, 가운데는 중도 성향을 뜻한다.

1994년의 미국은 중도층이 두텁게 자리 잡은 구조였다. 그러나 2017년 도널드 트럼프가 대통령에 당선되고 '가짜뉴스'가 그해의 단어로 선정되던 시점의 미국은 완전히 달랐다. 중도층은 급격히 감소했고, 정치 성향은 양 극단으로 갈라지면서 미국 사회 전체가 좌와 우로 쪼개지기 시작한 것이다. 최근에는 조사된 데이터가 없지만, 현재

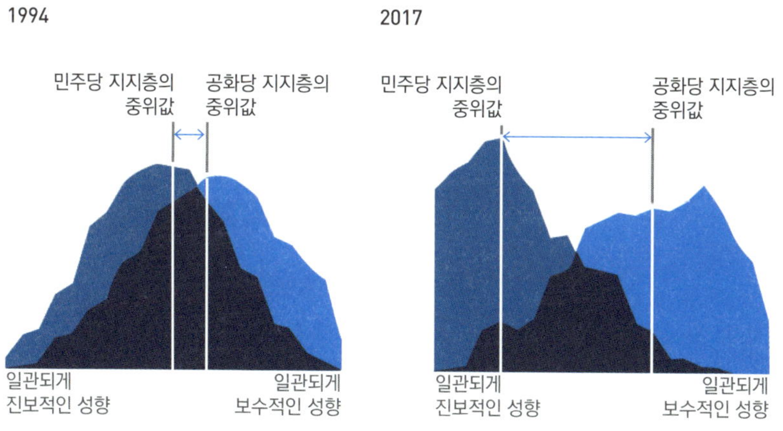

〈그림 5-2〉 미국 뉴스 소비자들의 이념적 분포: 1994년 vs 2017년

의 미국 정치 상황을 보면 2017년 이후 양극화가 완화되었다고 보기
는 어렵다. 한국을 비롯한 여러 민주주의 국가도 비슷한 흐름을 보이
고 있다.

이처럼 정치적 양극화가 심화할수록 가짜뉴스는 훨씬 널리, 훨씬
쉽게 퍼진다. 중도층이 두터울 때는 극단적 편향을 가진 가짜뉴스가
대중적인 호응을 얻기 어렵다. 하지만 양극화가 진행될수록 특정 진
영에 호소하는 뉴스(그리고 가짜뉴스)에 대한 수요가 폭발적으로 증가한
다. 정치적 신념이 강한 사람일수록 자신의 확증 편향을 '확인시켜주
는' 뉴스에 대한 갈증이 더욱 커지기 때문이다.

그런데 이처럼 양극화가 심한 사회에서, 전통 언론 전반이 한 진
영에 더 가까워 보인다면 어떤 일이 일어날까? 2016년 미국 대선은
이 문제를 가장 극적으로 보여주는 사례다.

당시 미국의 주요 전통 언론들은 대부분 '친힐러리' 성향을 보였
다. 〈그림 5-3〉에서 보듯이, 당시 정치 전문 미디어 『더 힐The Hill』의
조사에 따르면, 힐러리를 지지한 뉴스 미디어는 무려 243개, 트럼프
를 지지한 미디어는 20개에 불과했다. 발행 부수 기준 100대 신문에
서는 힐러리 지지가 57곳, 트럼프 지지가 2곳이었다. 이처럼 전통 언
론의 지형은 민주당 후보에게 크게 기울어져 있었다.

그만큼 트럼프 지지자들은 자신들의 정치적 세계관을 반영한 뉴
스 공급이 턱없이 부족하다고 느꼈다. 전통 언론에서 원하는 뉴스를
찾기 어려워지자, 이들은 자연스럽게 소셜 미디어, 블로그, 주변부 온
라인 미디어를 향했다. 그리고 그곳에서 자신들의 정치적 편향을 대변

　　　　　　　　　　　　욕망의 덫, 오보와 가짜뉴스

해주는 정보나 콘텐츠를 찾아 소비했다. 갈증이 컸던 이들은 진위를 따지려 들지도 않았다.

실제로 당시 페이스북에서 벌어진 현상은 전통 언론과는 전혀 달랐다. 일정 조회수 이상의 가짜뉴스 149건 가운데, 친트럼프 가짜뉴스는 115건에 3000만 회가 공유됐다. 이에 비해 친힐러리 가짜뉴스는 41건에 760만 회가 공유됐다.[10] 트럼프 지지자들은 전통 언론에 만족하지 못한 만큼, 대체재인 소셜 미디어에서 자신들의 신념을 강화해주는 콘텐츠를 찾은 것이다. 그리고 무엇보다 그들 가운데 상당수에게

<그림 5-3> 2016년 '미국 대선'의 '전통 미디어'와 '가짜뉴스'의 후보 지지

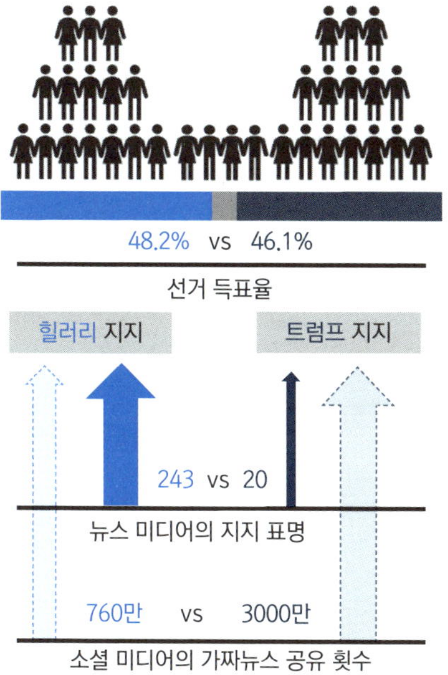

는 콘텐츠의 내용이 '진위'보다 자신의 신념을 확인시켜주느냐가 훨씬 더 중요했다. 이런 현상은 가짜뉴스가 왜 특정 진영에서 더 많이 소비되는지 그 사정을 잘 설명해준다.

2000년대 이후 전 세계적으로 정치적 양극화는 빠른 속도로 심화되고 있다. 양극화가 심할수록 사람들은 정파적 진실을 더 강하게 요구하며, 이를 충족시키는 가짜뉴스는 더 쉽게 확산된다. 가짜뉴스 소비는 인류 역사에서 반복되어온 현상이지만, 나라별·시대별로 그 규모나 영향력이 같지 않았던 대표적인 이유는 '정치적 양극화의 정도'가 달랐기 때문이다. 이처럼 정치적 양극화는 두 진영에 서로 다른 두 세계관을 만들고, 그 세계관 사이의 틈에서 가짜뉴스가 더 빠르게, 더 넓게 번져간다.

요컨대, 확증 편향을 가진 뉴스 소비자들에게 정치적 양극화는 가짜뉴스의 생산과 소비를 폭발적으로 키워내는 비옥한 토양이다. 또 기성 언론이 '우리 편이 아니다'라고 느끼는 순간, 요즘 사람들은 소셜미디어라는 대체 공간에서 스스로 원하는 이야기, 원하는 세계관을 만들어내고 소비하기 시작한다.

민주주의 토대를 잠식하는 악순환

정치적 양극화가 심해진 사회에서는 사람들이 뉴스를 보고 생각을 바꾸는 일이 쉽지 않다. 상대 진영을 향한 불신과 분노가 쌓이면, "저들이 또 저런 일을 했대"라는 뉴스는 사실 여부보다 감정에 먼

　　　　　　　　　　　　　　　　욕망의 덫, 오보와 가짜뉴스

저 반응해 믿고 싶은 이야기가 된다. 결국 사람들은 뉴스를 사실이 아니라 "우리 편의 이야기냐, 저쪽 편 이야기냐"로 분류하기 시작한다. 이는 감정적 적대감을 심화시키고, 그 감정은 다시 마음에 들지 않는 뉴스보다 마음에 드는 가짜뉴스 소비를 증가시킨다.

그러나 이것은 전체 현상의 절반만을 설명할 뿐이다. 가짜뉴스는 양극화의 부산물이면서 동시에 양극화를 증폭시키는 '연료'의 역할을 하기 때문이다. 미국의 민주당 지지자와 공화당 지지자가 상대 당에 가지는 호감도와 비호감도의 변화를 보여주는 〈그림 5-4〉는 이런 현상을 잘 보여준다.

〈그림 5-4〉 미국 민주당과 공화당 양당 지지자의 상대 정당에 대한 호감도 변화

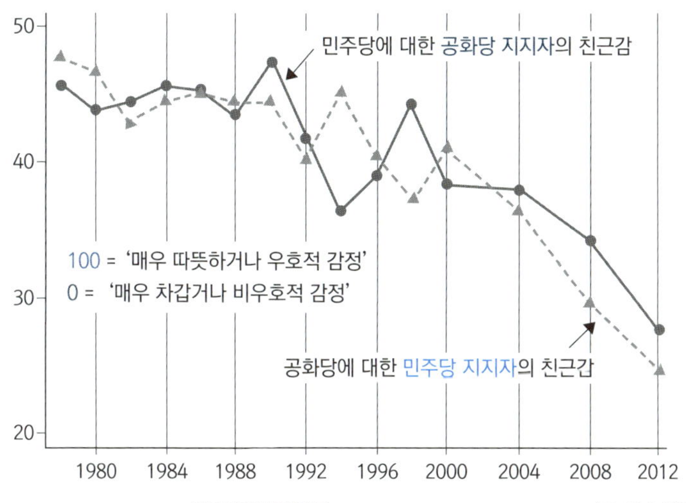

• 미국 중앙선거연구American National Election Studies(2012년) 데이터.
Allcott & Gentzkow(2017).

2010년대 미국에서 공화당 지지자들은 트럼프에게 유리한 가짜뉴스를 훨씬 더 많이 소비했다. 따라서 민주당에 대한 그들의 반감은 어렵지 않게 추정할 수 있다. 그런데 뜻밖의 사실이 있었다. 가짜뉴스 소비가 적었던 민주당 지지자들의 공화당에 대한 친근감이 더 나빠진 것이다. 심지어 그 속도는 더 가팔랐다.

정치적 양극화가 심해지면 사람들은 이미 마음속에 자리 잡은 감정의 렌즈로 뉴스를 보기 시작한다. 그러면 가짜뉴스는 진위와 무관하게 감정을 확인해주는 도구가 되고, 이런 뉴스는 다시 상대 진영에 대한 분노를 부채질한다. '내 편' 정보를 더 굳게 믿고 가짜뉴스에 속거나, 자발적으로 가짜뉴스를 찾아 헤매게 된다. 그리고 가짜뉴스가 늘어날수록 상대 진영에 대한 감정적 공격이 강해지고 혐오와 불신이 커지며 양극화는 더 심화된다. 심화된 양극화는 주류 언론에 대한 신뢰를 약화시키고, 그 빈자리를 가짜뉴스가 채우면서 가짜뉴스의 생산과 소비가 다시 증가한다.

이렇게 정치적 양극화와 가짜뉴스는 서로에게 에너지를 주면서 한 덩어리가 된다. 양극화가 가짜뉴스를 낳고, 가짜뉴스가 양극화를 키우는 것이다. 이 악순환은 오늘날 전 세계 민주주의가 겪는 가장 위험하고 파괴적인 시스템이 되고 있다. 정치적 양극화가 확증 편향을 강화하고, 확증 편향이 가짜뉴스 소비를 폭발시키고, 증가한 가짜뉴스가 다시 사회 전체의 양극화를 밀어 올린다.

가짜뉴스는 양극화의 '결과'이자 동시에 '원인'이다. 이 단순하면서도 강력한 상호작용이 현대 민주주의의 토대를 빠르게 잠식하고 있다.

  욕망의 덫, 오보와 가짜뉴스

5.3.　가짜뉴스를 위한 '고속도로'

– 탈진실

지구촌을 덮친 탈진실의 풍조는 저널리스트를 비롯해 학자, 법률가 등 전문가 집단에 대한 대중의 광범위한 불신을 뜻한다. 이는 심화된 사회적 불평등과 그 과정에서 언론과 전문가 집단이 보인 행태에 실망이 누적된 데 기인한다. 20세기 중반까지 대중의 편에 서 있던 그들이 기득권층의 이해를 대변한다는 각성이 누적되면서 '탈진실 시대'를 열었다는 것이다.

전통 언론에 대한 신뢰 추락은 이 시대의 상징적인 현상이다. 사실 소셜 미디어가 본격적으로 등장하기 이전부터, 전통 언론에 대한 대중의 신뢰는 이미 꾸준히 추락해왔다. 1부에서 다룬 전통 언론의 오보들이 이런 추락을 만든 계기들이라고도 할 수 있다.

기성 언론에 대한 깊은 불신은 가짜뉴스가 내달리는 '고속도로' 구실을 한다. 탈진실과 가짜뉴스는 동전의 앞면과 뒷면처럼 하나의 현상이다. 기성 언론을 믿지 못하니 시야를 다른 곳으로 돌리지만, 그곳에는 더 많은 가짜뉴스들이 있다는 것이다.

바로 이런 상황에서 전통 언론은 소셜 미디어나 인터넷 커뮤니티에서 가짜뉴스가 범람하는 현상을 비판하고 또 우려한다. 하지만 그러면서도 적지 않은 전통 언론들이 소셜 미디어나 인터넷 커뮤니티의 선정적인 뉴스를 검증 없이 보도하는 일도 잦다. 엄밀히 말해, 전통 언론의 우선 과제는 '소셜 미디어의 가짜뉴스를 우려하는 일'이 아니라

'스스로의 신뢰를 회복하는 일'이라 하겠다.

　전통 언론에 대한 불신이 세계적 현상인 것은 맞지만, 나라별로는 큰 차이를 보인다. 뉴스의 소비는 정치, 경제, 사회구조, 문화를 반영하는 탓이다. 옥스퍼드대학교와 로이터통신이 함께 만든 '로이터 저널리즘 연구소Reuters Institute for the Study of Journalism'는 해마다 전 세계 주요국 국민들의 언론에 대한 신뢰도를 조사해 발표한다. 이에 따르면 한국, 그리스, 프랑스, 미국 등의 신뢰도는 30퍼센트 안팎에 불과하다. 핀란드, 덴마크, 노르웨이 같은 북유럽 국가들에 비하면 절반 수준이다. 가짜뉴스의 범람이 전통 언론에 대한 낮은 신뢰도와 상관관계를 갖는다는 점에서, 북유럽 국가 국민들의 가짜뉴스 체감도는 한국이나 미국 등과는 크게 차이가 난다고 할 수 있다.

대중과 포퓰리스트는 '잉크와 펜'

　포퓰리스트 정치인들이 지구촌 곳곳에 등장하는 것도 탈진실 시대와 떼어서 생각할 수 없다. 유권자들의 지지를 얻어야 하는 정치인들의 근본 속성을 생각하면 기존의 전문가 집단, 언론과 언론인을 불신하는 대중의 정서를 활용하려는 정치인들이 없는 것이 더 이상한 일이다.

　전문가들의 견해보다 이를 불신하는 대중에 영합하려는 정치인들은 크든 작든 기본적으로 포퓰리즘적 성격을 지닐 수밖에 없다. 또 포퓰리즘적 성향이 강해진 정치인들과 기성의 사고와 체계로 사안을

　　욕망의 덫, 오보와 가짜뉴스

판단하고 전달하는 전통 언론 사이의 대립과 알력은 자연스런 귀결이다. 2016년 미국 대선에서 100대 뉴스 미디어 가운데 단 2곳의 지지를 받은 트럼프 후보가 대통령으로 당선된 것은 탈진실, 즉 전통 언론에 대한 대중의 불신이 어느 수준에 이르러 있는 것인가를 적나라하게 보여준 사례다.

탈진실의 풍조는 비단 미국에만 있는 것이 아니라 전 세계적 현상이다. 물 없는 사막에 수풀이 우거질 수 없듯이 포퓰리즘을 낳는 에너지는 대중과 사회 그 자체에 있음은 부인할 수 없다. 기득권층과 언론 등 전문가 집단에 대한 대중의 광범위한 불신이 포퓰리스트의 성장을 초래하는 것은 어쩔 수 없는 일이다. 탈진실 시대의 대중이 '잉크'라면 포퓰리스트들은 '펜'이다. 수많은 가짜뉴스가 쓰이는 이유다.

무기력한 전통 언론

탈진실 시대는 뉴스 소비자들의 확증 편향을 더 강화하고, 포퓰리스트 정치인들의 등장을 낳았다. 또 전통 언론보다 소셜 미디어를 통해 자신의 확증 편향에 부합하는 정보에 더 쉽게 귀 기울이는 현상으로 이어졌다.

이런 현상이 생겨난 데는 여러 차례 언급한 대로 전통 언론의 책임이 크다. 전통 언론들이나 언론인들은 그간 자신들이 제공한 잘못된 정보들을 두고 '최선을 다했음에도 생긴 불가항력적 결과'라든가, '전체 보도량에 비해 극히 작은 일부분'이라고 항변할 수 있다. 하지만 이 책의 1부에서 소개했듯이, 대중의 믿음을 배신한 전통 언론의 과오는 결코 가볍지 않다.

게다가 지구촌의 많은 전통 언론들은 과거를 그리워할 뿐 반성하지는 않는다. 무엇보다도 소셜 미디어나 유튜버 등 신흥 언론을 비판하지만, 그들을 닮기까지 한다. 탈진실 시대의 직격탄을 맞고도 '대중의 불신'이라는 늪에서 헤어나지 못하고 있다.

특히 한국의 많은 전통 언론들은 잃어버린 신뢰의 회복은 아예 안중에 없는 모습이다. 되레 노골적인 정파적 보도나 의견인지 사실인지 구별하기 어려운 뉴스들을 점점 더 많이 쏟아내고 있다. 결국 이는 전통 뉴스 미디어 자신을 포함해, 디지털 시대에 접어들며 등장한 수많은 뉴스 공급자들의 부정확하거나 거짓된 정보에 더 많은 뉴스 소비자들을 노출시키는 결과를 낳고 있다. 전통 언론이 가짜뉴스 시대의 주연이라고 할 수는 없지만, 가장 큰 조연이라는 점은 분명하다.

가짜뉴스 시대의 주역은 디지털 뉴스 플랫폼들과 소셜 미디어다. 이들은 인류 역사상 유례없는 정보의 풍요를 사람들에게 가져왔다. 동시에 전통 언론의 약점과 치부가 드러나게 했다. 이런 구조적 변화는 확증 편향을 가진 수많은 뉴스 소비자들을 소셜 미디어 같은 플랫폼에서 뉴스와 정보의 공급자로 등장시켰다. 이제 다음 장에서는 이처럼 빛과 어둠을 함께 가져온 소셜 미디어와 가짜뉴스의 문제를 살펴보자.

6장

전통 언론의 시대착오와
소셜 미디어의 '두 얼굴'

디지털 시대가 열린 뒤 가짜뉴스가 쏟아지자, 많은 전통 언론인들은 소셜 미디어를 주요 원흉으로 지목했다. 그들의 시각에서 전통 언론은 '팩트에 기반한 진실의 수호자', 소셜 미디어는 '분노·감정·거짓이 범람하는 위험한 공간'이다. 따라서 전통 언론의 논리는 단순하다. '사람들과 전통 언론은 피해자이고, 소셜 미디어는 가짜뉴스의 온상이며, 문제의 책임은 그들이 져야 한다.' 심지어 "탈진실 시대의 출발점은 전통 언론의 몰락 때문"이라고 인정하는 사람들조차 전통 언론은 여전히 '진실의 최후 보루'라고 말하곤 한다.

오랫동안 전통 언론은 자신들이 세상의 뉴스를 정리해 대중에게 전달하고, 대중은 그것을 받아들이는 존재라고 여겨왔다. 실제로 지난 세기 내내 전통 언론은 '무엇이 뉴스인지', '무엇이 진실인지'를 정하는 역할을 수행해왔다. 정보와 뉴스가 전통 언론으로부터 대중으로 한 방향으로만 흐르는 일 역시 당연한 일로 여겼다.

하지만 인터넷과 스마트폰의 보급, 소셜 미디어의 폭발적인 성장은 이 구조를 완전히 뒤집어놓았다. 이제 수많은 정보 가운데, 저널리스트들이 골라 제공하는 TV나 신문의 뉴스에 사람들은 얽매일 필요가 없다. 원하는 정보는 스스로 쉽게 찾을 수 있다. 빠르고 다양하며 손쉽게 접근할 수 있는 플랫폼이 있다면 사람들은 기꺼이 그곳으로 이동한다. 그 플랫폼이 유튜브든 페이스북이든 틱톡이든, 심지어 실체가 불분명한 '주변부 뉴스 사이트'든 상관없다.

전통 언론이 우려하듯 이 과정에서는 가짜뉴스도 사람들 앞에 무수히 등장한다. 하지만 중요한 사실은 사람들이 전통 언론에서 디지털 플랫폼으로 이동했다는 사실 자체다. 이를 통해 사람들은 자신이 원하는 방식으로 뉴스를 골라 보고 공유하고 해석하고, 때로는 직접 생산하기도 한다.

사실 뉴스 미디어의 역사를 보면, 뉴스 시장의 주인공은 언제나 뉴스의 소비자들이었다. 뉴스의 형식과 내용은 물론, 전달 방식을 결정지은 것도 뉴스를 소비하는 사람들이었다. 사람들이 원하지 않는 뉴스는 아무리 고고한 진실을 담고 있어도 살아남지 못한다.

19세기 신문 시장에서도, 사람들은 광고가 잔뜩 실린 값싼 신문이 등장하자 논설과 교양을 담은 비싼 신문을 외면했다. 심지어 관성적으로 정치적인 색채를 뚜렷이 한 신문들에게서도 대중은 눈길을 거두기 시작했다. 그리고 이런 뉴스 소비자의 숨 가쁜 변화에 적응하지 못한 신문은 역사 속으로 사라졌다.

21세기도 마찬가지다. 사람들은 종이 신문이나 TV 대신 유튜브·페이스북·웹포털에서 정보를 찾는다. 그들도 그곳에 가짜뉴스가 넘쳐 나는 걸 안다. 그럼에도 디지털 플랫폼으로 이동한 이유는 그곳이 더 빠르고, 더 다양하고, 더 개인화된 정보의 공간이기 때문이다. 소셜 미디어를 필두로 한 디지털 미디어의 부상은 인간의 욕망과 기술 발전이 만들어낸 불가역적이고 구조적인 변화다.

세탁기가 등장한 뒤 사람들이 손빨래 시대로 돌아가지 않듯이, 스마트폰과 소셜 미디어가 열어젖힌 정보 소비의 방식도 결코 과거로 되돌아가지 않는다. 그런데도 많은 전통 언론은 '예전의 권위와 영향력을 복원할 수 있다'고 여전히 믿는다. 이는 되돌릴 수 없는 미디어 환경의 변화를 인정하지 않는 시대착오적인 태도다.

미디어 환경은 인간의 욕망과 기술 발전이 맞물리며 되돌릴 수 없는 변화의 궤도에 들어섰다. 또한 대중의 선택을 단지 '잘못된 소비'로만 간주하는 것으로는 오늘의 복잡한 문제를 설명할 수 없다. 정보 소비의 중심은 이미 전통 언론이 아니라 디지털 플랫폼으로 이동했고, 대표적인 게 소셜 미디어다.

따라서 지금 필요한 것은 '어떻게 과거로 돌아갈 것인가?'가 아니다. '소셜 미디어는 어떤 방식으로 현재의 정보 환경을 재편하고 있으며, 그 과정에서 어떤 순기능과 역기능이 함께 발생하고 있는가?'에 대한 이해다. 달리 표현하면, '정보의 민주화'와 '정보의 왜곡'이 동시에 벌어지는 구조를 이해하는 것이다. 또 순기능과 역기능은 서로 별개인지, 순기능을 향유하려면 역기능을 감수하는 것이 불가피한지도 따져 봐야 한다. 대표적 역기능인 가짜뉴스 문제를 이해하려면 반드시 살펴 봐야 할 일이다.

6.1.   소셜 미디어의 역기능과 순기능

"소셜 미디어는 분노와 조작된 정보의 확산을 막는 데 실패했다. (페이스북의 알고리즘은) 사실보다 분노와 증오로 짜인 거짓말의 확산을 우선하고 있다. 사실이 없으면 진실을 알 수 없고 신뢰도 있을 수 없다. 그리고 민주주의도 있을 수 없다. 사실이 없으면 현실을 함께 이해할 수 없으며 기후위기나 코로나 바이러스 같은 실존적 문제들을 해결할 수도 없다."

2021년 노벨 평화상 수상자인 필리핀의 언론인 마리아 레사Maria Ressa는 수상 뒤 로이터통신의 인터뷰에서, 권위주의 정부와 가짜뉴스 들에 맞서 싸운 그가 소셜 미디어에 대해 갖는 인식과 우려를 드러냈 다. 레사의 언급은 곧바로 전 세계 전통 언론들의 공감과 인용 보도로 이어졌다.

이를 계기로, 많은 전통 언론들은 페이스북이 청소년의 정신적 문 제와 정치적 양극화를 조장하면서 이윤을 극대화하는 데만 골몰했다 는 등의 고발 뉴스도 어김없이 다뤘다. 이런 보도들에서는 전통 언론 들의 동병상련도 짙게 묻어났다. 그중에서도 『워싱턴 포스트』에 실린

                                    욕망의 덫, 오보와 가짜뉴스

한 거짓 정보 연구자의 칼럼은 많은 이들의 눈길을 끌었다. 「노벨 평화상이 페이스북에 커다란 충격인 이유」라는 제목의 칼럼[1]에서는 레사와 페이스북의 창업자 마크 저커버그Mark Zuckerberg 사이에 있었던 일화가 소개됐다.

페이스북에서 로드리고 두테르테Rodrigo Duterte 필리핀 대통령의 지지자들로부터 위협과 공격을 받았던 레사가 "필리핀 사람들의 97퍼센트가 사용하는 소셜 미디어인 페이스북의 책임이 크다"고 말했다. 그러자 저커버그가 "나머지 3퍼센트는 왜 페이스북을 안 쓰죠?"라는 뜻밖의 반문을 했다는 것이다. 페이스북의 사회적 역할과 책무는 물론, 부작용에 대해서조차 무심한 저커버그의 태도를 그대로 드러낸 일화였다.

이 일화는 저커버그의 무책임한 태도에 대한 공분을 자아냈다. 하지만 그의 대꾸도 결코 가볍게 생각할 일은 아니다. 저커버그가 책임을 회피한 것은 맞지만, 더 본질적인 문제를 제기한 것이기 때문이다. 그토록 문제가 많은 소셜 미디어를 한 사회 구성원의 무려 97퍼센트가 사용하는 현실은 어떻게 이해할 것인가?

압도적 다수의 사회구성원들이 부작용에도 불구하고 소셜 미디어를 이용하는 현실은, '도덕'이나 '윤리' 같은 규범적 기준으로만 접근할 일이 아니다. 수많은 사람들이 소셜 미디어를 이용하는 이유를 객관적으로 이해하지 않고서는, 소셜 미디어의 역기능이 아무리 크다 해도, 그 역기능에 대한 실효성 있는 책임 추궁이 불가능하지 않겠는가? 저커버그의 반문은 짧았지만, 이런 그의 인식이 담겨 있었다고 할 수 있다.

또 다른 사실도 있다. 전통 언론은 소셜 미디어에 대한 레사의 문제 인식만 돋보이게 보도했지만, 소셜 미디어에 대한 레사의 인식은 단순하지 않았다는 것이다. 많은 전통 언론들은 전하지 않은, 그녀가 다른 인터뷰에서 한 말이다.

● 소셜 미디어는 적인가?

= 전혀 아니다. 소셜 미디어의 쌍방향성은 탐사 보도의 동반자이며, 현대 사회의 가장 큰 뉴스 발신원이다."[2]

이처럼 마리아 레사는 소셜 미디어에 대해 두 가지 인식을 보였다. 두 인식을 종합하면, 소셜 미디어에 대한 그녀의 인식은 전통 언론인들처럼 단순하지 않다는 것을 알 수 있다. 그녀에게 소셜 미디어는 사람들의 '새로운 눈과 귀'인 동시에 '민주주의를 위협하는 구조적 위험'으로 보고 있는 것이다. 민주주의를 확장시키는 문명의 이기利器인 동시에 민주주의를 향한 흉기가 될 수 있다는 인식이었다. 나아가 그녀의 생각은 순기능을 극대화하고 역기능을 최소화해야 한다는 것이었다.

역기능

그러나 우리는 주로 소셜 미디어의 역기능에 관한 얘기들을

 욕망의 덫, 오보와 가짜뉴스

듣는다. 전통 뉴스 언론을 포함해 많은 전문가들의 시선이 소셜 미디어의 역기능에만 맞춰져 있기 때문이다. 제임스 볼James Ball은 그의 베스트셀러, 『어떻게 개소리는 세상을 정복했나』[3]에서 "(소셜 미디어의) 알고리즘은 가짜뉴스를 막지 못했을 뿐 아니라, 수천에서 수억 명에 달하는 이용자에게 가짜뉴스를 퍼뜨렸다"고 말한다. 이는 수많은 전통 언론인들이 입을 모아 하는 말이기도 하다.

실제로 소셜 미디어는 가짜뉴스의 생산과 확산의 동기인 돈, 선정성, 확증 편향 등을 증폭시키는 주역임에 틀림없다. 특히 이윤 극대화를 추구하는 소셜 미디어의 알고리즘은 사용자의 체류 시간을 늘리기 위해 감정을 자극하고 분노를 유발하는 콘텐츠에 우선적으로 노출 가중치를 부여한다. 이 구조 자체가 사실보다 '분노와 증오로 짜인 거짓말'을 확산시키는 원인이다.

또한 과거에는 뉴스를 생산해 전파하려면 신문이나 방송을 위한 막대한 규모의 투자가 반드시 필요했다. 하지만 오늘날은 다르다. 소셜 네트워크 서비스와 인터넷 검색 포털을 이용할 줄만 알면 누구나 전 세계에 뉴스를 전파할 수 있다. 이 때문에 금세기 이후 가짜뉴스의 범람에는 디지털·온라인·모바일로 상징되는 뉴스의 새로운 생산·유통·소비 방식이 결정적으로 기여했다.

이런 환경은 최초의 '거짓 정보' 유포자를 찾아내는 일을 훨씬 어렵게 한다. 설령 찾아냈다 해도 이를 규제할 제도적 근거가 없는 경우가 많다. 규제 기준도 나라마다 제각각이다. 실질적 대응이 쉽지 않은 셈이다. 언론의 자유가 보장되는 국가일수록 더욱 그렇다. 이런 여건들은 '가짜뉴스'를 만들고 전파하는 이들에게는 더할 나위 없이 좋은 환경이다. 거짓을 유포하는 이를 쉽게 찾기 어렵고, 찾아냈다고 해도 적절한 규제나 처벌이 불가능하다면 거짓 정보의 생산과 공급이 늘어나는 것은 당연한 일이다.

이런 시공간을 제공한 소셜 미디어 플랫폼 기업을 향해 전통 언론과 전문가·학자 들이 가짜뉴스 범람의 책임을 묻는 이유도 그 때문이다. 가짜뉴스의 생산자나 전파자, 소비자가 아니라, 그들에게 생산·전파·소비의 수단을 제공한 디지털 플랫폼에서 가짜뉴스의 근본 문제와 해결책을 찾는 것이다. 이에 따라 많은 사람들은 가짜뉴스는 물론 질 낮은 뉴스들을 낳은 책임이 디지털 플랫폼에 있고, 문제를 풀어야 하는 책무도 사실상 온전히 디지털 플랫폼에 있다고 여긴다.

생각해봐야 할 것들

그러나 쉽게 눈에 띄는 것만 볼 게 아니라, 좀 더 냉정하고 객관적으로 현실을 볼 필요가 있다.

첫째, 소셜 미디어를 비난하는 이들조차도 소셜 미디어를 이용하고 탐닉하는 엄연한 현실은 어떻게 볼 것인가? 단순하지만, 매우 현실적인 질문이다.

둘째, 가짜뉴스를 만들고 소비하는 인간의 본성을 소셜 미디어가 과연 통제할 수 있을 것인가? 즉, 디지털 플랫폼 기업들은 문제를 해결할 능력을 갖고 있는가?

　　　　　　　　　　욕망의 덫, 오보와 가짜뉴스

셋째, 가짜뉴스가 소셜 미디어의 본질적인 문제라면, 과연 인류는 소셜 미디어 이전의 세상으로 돌아갈 수 있을 것인가?

이러한 질문들 말고도 우리는 많은 질문에 봉착해야 한다. 또한 그 질문에 답하기도 쉽지 않다. 그 이유는 소셜 미디어를 비롯한 디지털 미디어들이 지닌 빛과 그림자는 '동전의 양면'이기 때문이다.

순기능

21세기에 접어들어 수많은 사람들은 그 전 시대와는 비교할 수 없을 정도로 많은 뉴스와 정보를 향유하고 있다. 스마트폰 하나로 넓은 세상을 보고, 듣고, 읽고 있다. 정보나 뉴스를 볼 때도 상전벽해의 세상이다. 전통 언론에 구독료를 지급하고도, 원하는 정보가 아니라 전통 언론이 골라주는 정보만을 소비해야 하던 때와는 천양지차다.

생각해보자. 1부에서 소개한 전통 언론의 심대한 오보들, 미국의 베트남 전쟁을 낳은 북베트남 통킹만 사건에서부터 38명이 제노비스가 잔인하게 살해당하는 현장을 방관했다는 날조 보도가 어떻게 수십 년 동안이나 진실이라고 행세할 수 있었을까? 언론인 수천 명이 아니라 수천만 명, 수억 명이 목도하는 진실이 실시간으로 전 세계로 전달되는 소셜 미디어 시대라면 그런 일이 가능할까?

한국에서 있었던 극적인 예가 있다. 2021년 10월 18일 국회 국정감사장에서 당시 야당이었던 국민의힘 소속 김용판 의원이 충격적인 사진 한 장을 공개했다. 조직폭력배가 더불어민주당 이재명 대통령 후보에게 건넸다는 현금 다발(5000만 원)이 찍힌 사진이었다. 『조선일보』 등 한국의 유력 언론들은 이 폭로를 앞다퉈 보도했다.[4]

하지만 불과 몇 시간 만에 이 뉴스는 가짜뉴스로 판명됐다. 거짓을 바로잡은 것은 유력 언론이 아니라, 한 온라인 커뮤니티(클리앙)였다.[5] '돈다발 사진'은, 국민의힘에 제보한 이가 '큰돈을 벌었다'며 자신의 페이스북에 올린 사진과 똑같은 사진임을 밝혀낸 것이다. 전통 언론은 검증도 없이 충격적인 가짜뉴스를 수백만 명에게 퍼뜨렸고, 이를 바로잡은 건 온라인 커뮤니티의 평범한 시민이었다.

단적으로 말하자면, 우리가 지금처럼 정보의 풍요를 누릴 수 있게 된 이유는 가짜뉴스를 더 많이 접하게 된 이유와 정확히 같다. 정보의 풍요와 가짜뉴스의 범람은 마치 동전의 양면 같은 현상이기 때문이다. 이런 엄연한 현실을 간과하거나 부정해서는 어떤 현실적 해결책도 찾기 어렵다.

무엇보다 수많은 사람들에게 퍼진 것은 가짜뉴스만이 아니라는 점이다. 소셜 미디어는 2010년 튀니지의 23년 독재를 무너뜨린 '재스민 혁명'의 원동력이었고, 지금도 미얀마 군부독재나 아프가니스탄 탈레반 독재 정권의 폭압과 인권유린을 나라 안팎으로 전하는 귀중한 수단이다.

2022년 2월 러시아가 우크라이나를 침공한 뒤 우크라이나인들이 전쟁의 참혹함을 전한 주요 통로도 소셜 미디어였다.[6] 반대로, 러시아의 블라드미르 푸틴Vladimir Putin 권위주의 정부는 자국 내의 페이스북과 인스타그램 이용을 차단해 자국민을 국제 여론으로부터 격리했다.

  욕망의 덫, 오보와 가짜뉴스

1991년 걸프 전쟁 당시 CNN은 이라크 바그다드의 전황을 실시간으로 전하며 '전쟁 생중계'의 시대를 열었다. 그러나 지금은 CNN 같은 전통 언론보다 페이스북, 틱톡, 트위터, 인스타그램, 유튜브 같은 참여형 소셜 미디어를 통해 사람들이 전쟁의 참상을 접하고 있다.

어디 그뿐인가? 소셜 미디어는 전통 뉴스 미디어가 눈길과 손길을 주지 않는 사회 곳곳에서 거짓을 들춰내고 따뜻한 소식을 전하고 있다. 또 지구촌 곳곳에서 민주주의와 인권을 갈구하는 이들을 이어주는 뉴런neuron으로 구실하고 있다. 마리아 레사 같은, 민주주의와 인권을 위해 투쟁하는 언론인들조차 없는 폭압적 사회에서 소셜 미디어는 민초들의 유일한 동반자다.

소셜 미디어와 웹포털 등 디지털 뉴스·정보 플랫폼이 가짜뉴스의 온상 구실을 하고 있다는 점은 맞다. 하지만 이들 디지털 플랫폼을 통해서 가짜뉴스에 비교할 수 없을 만큼 많은 진짜 뉴스와 정보들이 지구촌의 수십억 명에게 전파되고 있다는 사실도 잊어서는 안 된다. 무엇보다 가짜뉴스의 진상을 밝히는 일 또한 셀 수 없는 사람들이 참여하는 소셜 미디어나 온라인 커뮤니티는 전통 언론에 결코 뒤지지 않는다.

현대를 사는 우리는 씨 없는 수박을 먹을 수 있고, 잡음이 거의 없는 초고음질 음향을 만끽할 수도 있다. 하지만 무균실에서 일상생활을 할 수 없듯이 거짓이 근절된 세상에 살 수는 없다. 앞서 '4장. 무엇이 가짜뉴스인가?'에서 확인했듯이, '의도한 가짜뉴스'와 '실수에 의한 거짓 정보' 사이의 구별도 매우 어렵다.

인간의 한계에서 기인하는 의도하지 않은 거짓 정보는 앞으로도 인류와 함께 존재할 수밖에 없다. 뉴스와 정보 소비를 위한 미디어 기술의 비약적 발전과 커뮤니케이션 방식의 진화에도 불구하고, 이 발전과 진화의 장점만 취하고 부작용은 깔끔하게 털어낼 방도가 현재로서는 없다.

6.2. 진화해야 할 소셜 미디어

소셜 미디어는 분명 가짜뉴스의 비옥한 토양이다. 여기엔 긴 말이 필요 없다. 하지만 동시에 정보의 민주화, 시민 참여, 감시 기능의 확대라는 거대한 순기능도 품고 있다. 가짜뉴스를 이해하기 위해서는 이 '두 얼굴'을 함께 봐야 한다. 디지털 미디어와 소셜 미디어 커뮤니케이션은 불가역적인 인류의 진화다.

그렇다면, 인류의 진화는 여기서 멈추고 말까? 누구나 알듯이 진화는 계속된다. 작은 변화가 쌓이고 쌓여 어느 순간 인간과 사회를 더 나은 단계로 이끌 것임은 틀림없다. 그렇기에 부작용을 근절할 수는 없지만, 부작용을 최소화하려는 노력은 끊임없이 이어져야 한다.

이런 노력의 가장 중요한 주역은 역시 소셜 미디어와 웹포털 등 디지털 플랫폼 기업들이다. 거짓 정보와 혐오 정보 등에 전시 공간을 제공하며 영리를 추구하는 디지털 중개자들은 이에 대한 책임에서 결코 자유로울 수 없다. 디지털 플랫폼이 인류에게 아무리 긍정적인 기여를 하고 있더라도, 부정적 결과들에 대한 면죄부가 될 수는 없기 때문이다.

다행히 근래 미디어 기술, 특히 인공지능AI 기술의 발전은 눈부시다. 이를 소셜 미디어의 역기능을 최소화하는 데 활용할 수 있으리라는 기대가 생겨나고 있다. 인공지능 기술을 바탕으로 한 소셜 미디어와 웹포털 등 디지털 플랫폼에 더욱 정교하고 합리적으로 개선된 알고리즘을 적용하는 것은 충분히 기대할 만한 일이기 때문이다.

그러나 아무리 기술이 발전하더라도 인간의 본능적 욕구를 정면으로 거스르는 해법은 실질적 효과를 내기 어렵다. 가짜뉴스의 문제를 낳은 근본적인 이유를 객관적으로 이해해야 실효성 있는 해법도 가능하다는 얘기다. 디지털 플랫폼 기업에게 기대할 수 있는 가장 좋은 해법은 사회적 책무를 다하는 방식으로 영리를 극대화하는 것이다. 따라서 소셜 미디어와 웹포털은 소비자의 욕구를 외면하지 않으면서, 이를 악용하는 이들을 체계적으로 감시하고 걸러내는 쉽지 않은 과제를 안고 있다.

많은 사람들의 시선은 디지털 중개자들이 거짓 정보의 유포를 사전적으로 어떻게 걸러낼지에 집중되어 있다. 그러나 현실적으로 그보다 중요한 것은 유포된 거짓 정보를 사후적으로 바로잡는 일이다. 사용자가 수백만에서 수억 명에 이르고, 이들이 실시간으로 반응하는 소셜 미디어 공간에서 거짓 정보에 맞서는 일은 시간과 속도의 싸움이다.

지금까지는 가짜뉴스라는 불티를 감지하고 불이 번지는 속도를 따라잡는 데에 극복하기 어려운 물리적 한계가 있었다. 그런데 이 문제도 인공지능과 양자컴퓨터[7] 등 기술의 혁명적 발전을 통해 도전해 볼 만한 여건이 성숙되어 가고 있다. 이 둘은 소프트웨어와 하드웨어 양 측면에서, 줄달음치는 가짜뉴스의 확산을 신속하게 따라잡을 수 있는 기술적 수단이다. 이를 획득하는 일이 가시권에 들어오고 있는 셈이다. 이런 신기술은 거짓 정보의 유통을 최소화하는 사전적 검열이나 사후적 교정 모두에 기여할 가능성이 높다.

물론 기술만이 답이 될 수는 없다. 역기능을 최소화하려면 플랫폼의 사회적 책무를 법적으로 강제하고, 뉴스 소비자의 미디어 리터러시를 강화하는 교육과 제도적 노력이 병행되어야 한다.

인공지능에 대한 디지털 플랫폼 기업의 투자는 천문학적인 규모다. 이 막대한 투자에는 거짓 정보의 확산을 최소화하기 위한 기술적 대책이 반드시 포함되도록 제도화해야 한다. 아울러 미디어 리터러시 교육에 디지털 플랫폼 기업이 적극적으로 기여하도록 사회 분위기를 조성하고 독려해야 할 필요가 있다.

나아가 ESG(환경·사회·지배구조)가 기업의 의무가 되었듯이, 디지털 플랫폼 기업에도 거짓 정보를 걸러내고 신속히 교정하는 사회적 의무를 부과해야 한다. 이를 바탕으로 이익과 불이익을 부과해 디지털 플랫폼 기업의 전향적인 참여를 유도해야 한다.

그러나 누차 얘기하지만, 이 모두에서 성공을 거둔다고 해도 인류는 가짜뉴스에서 자유로울 수 없다. '부주의와 확증 편향'이 인간의 본성인 한, 가짜뉴스는 근절할 수 없다. 다만, 변화한 뉴스 소비 환경에서 순기능은 극대화하고 역기능은 최소화하는 게 무엇인지를 함께 찾아

　　　　　　　　　　　　욕망의 덫, 오보와 가짜뉴스

야 한다. 그 과정이 바로 변화한 뉴스 소비 환경에서 우리가 함께 찾아야 할 진화의 길이다.

인류의 지난 역사에서 가짜뉴스를 살펴보는 것은 우리에게 적지 않은 시사점을 준다. 지금부터는 지난날 인류가 경험한 가짜뉴스의 역사로 우리의 시야를 확장해보자. 가짜뉴스와 관련해 인간과 사회가 가진 '불변의 속성'은 무엇인지, 또 좀 더 나은 뉴스 환경을 위해 우리가 할 수 있는 노력은 어떤 것이 있는지 함께 생각해보는 기회가 될 것이다.

7장

가짜뉴스는
새로운 현상인가

사람들은 가을의 낙엽이 흩어지고 삭풍이 본격적으로 부는 겨울이 오면 "이번 겨울은 유난히 춥다"거나 "따뜻하다"고 흔히 말한다. 그러나 사실 긴 세월을 두고 생각하면 '이번 겨울' 못지않게 추웠거나 따뜻했던 때도 적지 않았다. 우리가 가짜뉴스를 체감하는 것도 사실 '유난히 춥거나 따뜻한' 이번 겨울을 체감하는 것과 다르지 않다.

지난 인류의 역사에 등장한 가짜뉴스들을 살펴보면, 가짜뉴스들은 이번 세기의 '스마트폰'이나 1950년대의 '자동 세탁기'처럼 새로운 문물이 아님을 알 수 있다. 인류는 거짓 정보나 뉴스와 쉼 없이 공존해왔으며, 근래의 가짜뉴스 현상 또한 결코 새로운 게 아니다.

가짜뉴스의 역사를 다룬 연구나 책은 많다. 일본인 학자 미야자키 마사카츠의 『세계사를 뒤바꾼 가짜뉴스』[1], 역사학자들인 리처드 솅크

먼Richard Shenkman의『세계사의 전설, 거짓말, 날조된 신화들』[2]과 베른트 잉그마르 구트베를레트Bernd Ingmar Gutberlet의『역사의 오류』[3] 등이 대표적이다. 이 책들의 저자들이 다룬 역사를 바꿀 만큼 인류에게 끼친 영향이 컸던 대표적인 가짜뉴스의 사례들만 해도 각기 적게는 36개에서 75개에 이른다. 대부분은 독재자 혹은 체제를 전복하려는 정치적 이유로 만들어진 가짜뉴스들과 미지의 세계에 관한 탐험가들이 만들어낸 가짜뉴스들이다.

무엇보다 이들 가짜뉴스는 수십 년 혹은 수백 년 이상 진실로 행세하며 인류 역사와 문화를 바꾼 경우다. 불과 몇 시간, 길어도 몇 달이면 거짓임이 드러나거나 아예 존재 자체가 잊히는 요즘의 수많은 가짜뉴스들과는 다르다.

물론 역사 속의 수많은 가짜뉴스들은 우리에게 잊힌 경우가 많다. 먼지 쌓인 역사책 속에나 있는, 기억 저편으로 사라진 일들이다. 인류는 '소빙하시대小氷河時代, little ice age'[4]도 겪었지만, 오늘을 사는 사람들은 "이번 겨울은 유난히 춥다"고 말하는 것처럼 말이다.

이 장에서는 먼저 대중 미디어 등장 이전과 대중 미디어가 등장한 뒤 디지털 시대가 도래하기 전으로 나눠 가짜뉴스의 사례들을 살펴본다.

7.1.　대중 미디어 시대 이전의 가짜뉴스

가짜뉴스 역사가 마사카츠, 솅크먼, 구트베를레트의 저서들에는 역사상 널리 알려진 가짜뉴스 사례들이 공통적으로 등장한다. 그 가운에서도 대표적인 게 3장에서 소개한 '황금 섬 지팡구Jipangu'에 관한 가짜뉴스다. 이를 제외한 대표적 몇몇 사례를 보자. 이들 사례에서 유의할 것은 대중 미디어 이전에는 가짜뉴스의 생산자가 역사가, 작가, 정치적 선동가 등으로 다양했으며, 가짜뉴스가 살아 숨 쉬게 한 것은 언제나 '가짜뉴스'에 현혹될 준비가 된 뉴스 소비자들이었다는 점이다. 그런 연유로, 지금도 이 가짜뉴스의 사례들이 거짓임을 모르는 이가 많다.

로마를 불태운 네로 황제

서기 64년 7월, 로마의 대화재는 당시 황제였던 네로가 새 도시를 만들려 일부러 저질렀다는 게 정설처럼 전해져왔다. "불타는 로마를 보며 네로가 시를 읊었다"라는 기록을 가이우스 수에토니우스 Gaius Suetonius Tranquillus[5] 등의 역사가가 남긴 뒤, 『쿠오바디스』를 비롯한 여러 문학과 예술 작품에서 예술가들이 네로의 방화설을 오랫동안 반복적으로 전했기 때문이다.

그러나 이는 당시의 뜬소문에 불과했다. 네로의 근위대가 불길을 잡으려 시가지 한쪽에 맞불을 놓은 게 빌미가 됐을 수도 있다. 화재로 네로가 아끼던 진귀한 수집품들도 불타버렸고, 네로는 화재 진압과 이재민 구호를 위해 애썼다. 무엇보다 그는 로마를 불태워버릴 만큼 미치광이가 아니었다. 그럼에도 이는 뜬소문이 후세에 진실처럼 굳어지

　　　　　욕망의 덫, 오보와 가짜뉴스

불타는 로마를 보며 시를 읊는 네로.

게 하는 데 별 힘을 쓰지 못했다.

또한 당시 로마는 골목이 좁고 집이 밀집해 불이 번지기는 쉽고 진압하기는 어려운 구조였다. 불이 처음 난 지역도 올리브유와 옷감을 파는 상점들이 밀집해 있었다. 말하자면 우연히 일어난 작은 불이 걷잡을 수 없는 대화재로 번졌을 수 있다.[6]

"짐은 곧 국가다"라고 말한 절대군주, 루이 14세

"짐이 곧 국가다"라는 말은 왕권신수설이나 절대군주 체제와 관련해 널리 회자되는 어록이다. 또 이 말의 주인공이 유럽 역사에서 가장 대표적인 절대군주이며 '태양왕'으로 불리기도 한 프랑스의 루이 14세였다고 많은 사람들은 믿는다. 그러나 루이 14세는 이런 말을 한 적이 없다.

역사학자들에 따르면 그와 유사한 언급을 한 주인공은 루이 11세다. 루이 11세가 반란을 일으킨 신하들 앞에서 "짐이 프랑스다"라고 말한 적은 있기 때문이다.[7] 그러면 사람들은 왜 루이 14세가 그 말을 했다고 생각할까? 이유는 프랑스의 사상가이자 작가인 볼테르Voltaire에게 있다. 그가 루이 14세의 전기를 쓰면서 가짜 인용구를 집어넣었던 것이다. 볼테르의 실수거나 그가 날조한 것이 확실하다.[8]

루이 14세.

"빵이 없으면 케이크를 먹으라 하세요"

근대 시민 혁명의 전형으로 꼽히는 18세기 프랑스 혁명 당시 헐벗고 굶주린 국민들을 도외시한 왕실의 대표적인 일화가 있다. 당시 국왕이던 루이 16세의 왕비 마리 앙투아네트Marie Antoinette, 1755~1793가 프랑스 국민들이 먹을 빵이 없어 굶주림에 고통받는다는 말을 듣고 "그러면 케이크를 먹으라"고 했다는 일화다.

그러나 앙투아네트는 이런 말을 한 적이 없다. 당시 혁명 세력의

욕망의 덫, 오보와 가짜뉴스

민중 선동가들은 앙투아네트가 세상 물정을 모르고 호화 사치를 누리면서 음란한 생활을 한다며 혁명의 대표적인 표적으로 삼았다. 선동가들은 왕비가 내뱉었다는 이 말이나, 음란한 생활을 즐기고 있다는 내용을 담은 소책자들을 뿌렸다. 소책자형 팸플릿이 사실상 신문의 구실을 하던 때였다. 여기에 담겼던 많은 가짜뉴스들은 대중의 피를 끓게 하며 혁명의 불길을 타오르게 하는 불쏘시개였다.

결국 앙투아네트는 혁명 와중에 처형장의 이슬로 사라졌다. 하지만 실제의 그녀는 가난한 이들의 삶에 관해서도 잘 알고 있었다고 한다. 역사에 따르면 그녀는 소작인의 밭으로 마차를 몰아 밭을 망치는 짓을 프랑스 왕실 사람 중 유일하게 거부한 사람이었다.[9]

처형장으로 끌려가는 마리 앙투아네트.

나폴레옹의 키는 유난히 작았을까

보나파르트 나폴레옹Bonaparte Napoleon은 키가 작았던 것으로 널리 알려져 있다. 그러나 객관적 사료에 따르면 그는 사망 당시 키가 168센티미터였다. 이 키는 당시 서유럽인 평균 신장인 165센티미터보다 큰 것이었다. 다만 그는 그의 주변에 있던 근위대 병사들의 큰 키(약 190센티미터) 때문에 작게 보였을 뿐이었다. 하지만 이는 객관적 사실이 아니었다.

영국인들과 영국의 신문들은 오랫동안 나폴레옹을 성질이 급한 소인小人으로 묘사했다.[10] 한 번 퍼진 가짜뉴스의 영향력은 수백 년 이상 지속될 만큼 컸다. 지금도 수많은 글과 영화에는 '왜소한 나폴레옹'이 반복적으로 등장해 자연스럽게 받아들여지고 있다. 심지어 키가 작은 사람들이 작은 키에 대한 보상 욕구로 남들에게 공격적이 되는 성향을 뜻하는 '나폴레옹 콤플렉스Napoleon Complex'라는 심리학 용어까지 생겨났을 정도다.

황제 시기의 나폴레옹을 그린 자크 루이 다비드 작품.

실존 인물, 드라큘라

좀 더 대중적으로 알려져 있고, 가짜뉴스라는 사실도 널리 알려진 경우로는 실존 인물이었던 드라큘라Dracula 백작이 흡혈귀였다는 얘기다. 그렇다면 중세 루마니아의 귀족이었던 그가 불멸의 흡혈귀까지는 아니어도, 사람의 피와 조금이라도 연관 지을 만한 사실이 있었을까?

영화 속의 드라큘라.

답은 "그조차도 없다"이다. 아일랜드의 작가 브램 스토커Bram Stoker가 1897년에 발표한 순수 창작 소설의 주인공이 '흡혈귀 드라큘라 백작'이었을 뿐이다. 스토커의 소설이 공전의 히트를 치며 100년 넘게 영화, TV 드라마, 뮤지컬 등으로 재탄생했다는 걸 빼고는 어떤 이유도 찾을 수 없다.[11]

이는 소설가의 허구조차 진실로 둔갑할 수 있음을 보여준 사례다. 실상을 보면, 스토커가 루마니아의 역사책을 보다가 착상을 일은 흡혈귀의 실제 모델은 15세기 루마니아 트란실바니아 지방의 공작 블라드 체페슈Vlad Tepeş였다. 그의 별명이 드라큘라Dracula였던 것은 맞지

블라드 체페슈.

만, 그것은 '용龍'이라는 뜻인 'Dracul'로 불린 아버지 때문에 얻은 별명이었다. 또한 그는 공포정치를 펴기는 했지만, 외적을 물리친 루마니아의 영웅이었다.

대중은 오래된 과거의 가짜뉴스일수록 진실로 여기는 경우가 많다. 무엇보다 진위를 꼼꼼하게 확인하는 게 불가능한 데다, 진위 여부가 당장의 삶이나 현실에 끼치는 영향도 거의 없는 탓이다. 대체로 등장한 당대에는 사람들에게 심대한 영향을 끼친 살아 있는 가짜뉴스지만, 긴 시간이 흐르면 거의 모든 사람에게 영향을 끼치지 않는 '화석'처럼 변하는 셈이다.[12]

7.2. 대중 미디어 시대의 가짜뉴스

그렇다면 대중 뉴스 미디어가 본격적으로 등장한 이후 가짜뉴스들은 어땠을까? 앞서 1부에서 소개한 유력 뉴스 언론의 오보 사례도 떠올리면서 차분히 생각해보자. 당연히 이 시대에 등장한 가짜뉴스, 즉 의도적인 날조 보도의 주인공은 전통 언론이었다.

사실 언론인이 보도에 적합한 뉴스를 수집하고, 누군가에 대한 두려움이나 호의 없이 보도한다는 순진한 생각만 하지 않는다면, 언론이 역사 속에서 보여온 편견이나 왜곡, 조작은 전혀 낯선 일이 아니다. 실제로 인쇄 신문의 초창기 사료들만 봐도, 이미 '신문은 거짓과 편견, 왜곡으로 가득 차 있다'는 지적들이 쏟아져 나온다.[13]

    욕망의 덫, 오보와 가짜뉴스

독일의 어원학자 악셀 겔페르트Axel Gelfert는 "가짜뉴스는 오랫동안 존재해왔으며, 19세기 전신電信, telegraph에서 21세기의 소셜 미디어 알고리즘에 이르기까지 기술 발전은 속임수와 날조의 새로운 가능성을 낳았다"고 말한다.[14] 컬럼비아대학교 저널리즘 교수 로버트 러브Robert Love도 초기의 미국 신문은 의도적이고 재미있는 거짓으로 팔고 사는 상품이었다고 얘기한다.

19세기 말 미국에서 '신문 왕'으로 불린 윌리엄 허스트William Randolph Hearst, 1863~1951와 조셉 퓰리처Joseph Pulitzer, 1847~1911는 왜곡·과장 보도로 스페인에 대한 전쟁을 조장하며 신문 부수를 비약적으로 늘린 대표적 사례다. 당시 이들의 경쟁 신문이었던 『뉴욕 이브닝 뉴스New York Evening News』는 "사실에 대한 심각한 왜곡"과 "대중을 자극하기 위해 계산된 이야기의 고의적인 발명"이라며, 유력 언론이 주도한 가짜뉴스들을 한탄했다.[15] 고의성 여부나 정도의 차이는 있지만, 1부에서 살펴본 지난 세기의 '북베트남 통킹만 오보' 때나 이번 세기 '이라크 화학무기 오보' 당시 많은 유력 언론들은 가짜뉴스를 퍼뜨리는 주역이었다.

이처럼 가짜뉴스는 시대를 가리지 않고 존재해왔다. 아날로그 시대와 디지털 시대 사이에 차이가 있다면, 대량 인쇄 신문과 방송 같은 대중 미디어 기술에서 디지털 뉴스 플랫폼과 소셜 미디어에 이르는 기술 발전에 따라 가짜뉴스의 공급자나 전파자가 확대되고 새로운 미디어 기술에 어울리는 양상으로 변화한 것뿐이다.

이미 앞서 유력 미디어들의 오보들은 여러 사례를 다룬 만큼, 오보라고 부르기조차 관대해 보이는 아날로그 시대 대중 뉴스 미디어들의 황당무계한 가짜뉴스 사례들을 소개하고 다음으로 넘어가자.

달에 관한 거대한 날조

1835년 8월 25일, 당시 뉴욕의 일간 신문 『뉴욕 선New York Sun』[16]에는 모든 사람들의 눈을 의심케 하는 기사가 실렸다. 달에서 생명체를 발견했음을 알리는 기사 여섯 개 중 첫 번째 기사였다. 제목은 「위대한 천문학적 발견Great Astronomical Discoveries」.

기사는 존 허셜John Herschel 경이 남아프리카 희망봉에 설치한 당시 최신의 고성능 망원경으로 유니콘 같은 환상적인 동물들을 달에서 발견했다고 보도했다. 두 다리를 가진 비버, 박쥐를 닮은 털복숭이 동물, 날개 달린 '인간과 비슷한 생물'을 포함한 생명체의 증거라고 전했다. 또 해변, 거대한 분화구, 거대한 자수정 결정, 흐르는 강, 무성한 초목들로 완성된 달의 지리도 생생하게 설명했다. 기사의 출처는 허셜 경의 동료, 앤드류 그랜트Andrew Grant 박사가 학술지에 발표한 논문들이었다.

첫 번째 '달 기사'가 나온 날부터 신문의 판매량은 급증했다. 전례 없이 흥미진진한 보도에 독자들의 반응은 폭발적이었다. 그러고 나서 얼마 뒤, 이 신문은 이번에는 안타까운 소식을 전했다. 태양 빛에 망원경 렌즈가 불타버려 관측이 종료됐다는 것이었다.

유감스럽게도 이 기사에는 처음부터 끝까지 단 하나의 진실도

　　　　욕망의 덫, 오보와 가짜뉴스

없었다. 그랜트 박사의 논문들이 실렸다는 『에든버러 과학 저널The Edinburgh Journal of Science』은 '달 기사'가 나오기 이미 수년 전에 출판을 중단한 학술지였다. 그랜트 박사 역시 가공의 인물이었다. 이 터무니없는 가짜뉴스를 쓴 저널리스트는 리처드 애덤스 로크Richard Adams Locke라는 이로 추측될 뿐이었다. 그럼에도 독자들은 이 이야기에 완전히 속았다. 심지어 예일대학교의 과학자들이 『에든버러 과학 저널』의 논문을 보려 뉴욕으로 올 정도였다.

첫 보도가 나온 지 3주 만인 1835년 9월 16일, 『뉴욕 선』은 그 기사가 조작된 것임을 인정했다. 그럼에도 지금 사람들은 이해하기 어렵

1835년 『뉴욕 선』에 실린 삽화. 기사에 나온 달 표면에 있는 식물과 생명체를 보여준다(사진 SSPL/Getty).

겠지만, 독자들은 대체로 이 모든 것에 즐거워했다. 당연히 신문 판매

도 타격을 입지 않았다.[17]

화성에서 온 원숭이

독자들은 믿기 어렵겠지만, 『뉴욕 선』이 보도한 '달에 관한

거대한 날조'와 유사한 유형의 가짜뉴스들은 전통 뉴스 미디어에서 지

난 세기 중반 이후까지도 지속됐다. 외계인과 UFO(미확인비행체)에 대

한 가짜뉴스들이다.

1953년 7월 8일, 미국 마이애미의 대표적 신문이었던 『마이애미

데일리 뉴스Miami Daily News』[18]의 1면 헤드라인은 「비행접시를 탄 원숭

이 인간이 붙잡혔다」였다. 지금 보면 허무맹랑한 기사지만, 당시는 그

1953년 7월 8일 『마이애미 데일리 뉴스』 1면.

                                욕망의 덫, 오보와 가짜뉴스

렿지 않았다. 미국 전역의 신문과 방송, 통신사들은 이 기사를 앞다퉈 전했고, 사람들은 UFO와 미지의 존재에 흥분했다.

보도에 따르면, 애틀랜타의 이발사였던 에드워드 워터스Edward Watters와 그의 친구 등 목격자 세 명은 조지아주 코브카운티의 한 고속도로에서, 붉게 빛나는 원반형 물체 근처에서 머리가 크고 털이 없으며 키가 작은 생명체의 주검을 발견했다. 적지 않은 언론들은 이 시체가 정말 '화성인'일지도 모른다는 추측성 보도를 대대적으로 쏟아냈다.

황당한 거짓은 오래가지 않았다. 해부 결과 이 주검은 의도적으로 시체의 털을 깨끗이 밀고 붉은 염료를 칠해 '외계인'처럼 보이도록 조작한 지구에 사는 검은꼬리마모셋 원숭이였다. 거짓 제보는 목격자들이 자신의 사진을 신문에 실리게 할 수 있느냐를 놓고 10달러 내기를 한 결과였다.

그런데 진실이 드러난 뒤에도, 미국 전역에서는 UFO에 대한 거짓 제보와 가짜뉴스들이 이어졌다. 곳곳에서 UFO를 목격했다는 사람들이 계속 나타났고, 특히 가짜뉴스의 현장으로 언급된 고속도로 인근 공군 기지에는 곳곳에서 비행 물체를 보았다는 사람들의 제보가 한동안 쏟아졌다.

그로부터 60여 년이 지나 당시의 가짜뉴스 소동을 다시 소개한 『워싱턴 포스트』는 "애틀랜타의 극장에서는 외계인 관련 영화가 꾸준히 상영됐다"며 "관객들은 핵무기, 소비에트 첩보원, 한국 전쟁에 대한 두려움에서 벗어나 다른 행성에서 온 생명체에 굶주려 있었다. 그때 두 젊은 이발사와 정육점 주인의 놀라운 이야기가 나왔다"고 전했다.[19] 거짓에 생명을 불어넣은 것은 냉전 시대의 불안감과 UFO에 대한 대중의 폭발적인 관심이었다는 것이다.

시대를 막론하고 가짜뉴스가 활개 치는 이유는 진위를 따지지 않고 적극적으로 눈과 귀를 열 준비가 되어 있는 많은 사람들이 있기 때문이다. 특히 사람들이 불편하고 고통스러운 현실을 벗어나려 할수록 미지의 세계에 대한 정보 욕구는 커진다. 중국의 동쪽에 '황금의 섬 지팡구'가 있다는 13세기 마르코 폴로의 가짜뉴스가 중세 유럽인의 각광을 받았던 것 같은 일은 그 후로도 여전히 반복되고 있다.

플랑드르 분리독립 날조

아날로그 시대, 전통 언론인 방송의 대형 가짜뉴스 사례가 있다. 벨기에 북부 지방의 플랑드르[20]가 분리독립을 선언했다는 이른바 '플랑드르 분리독립 날조' 보도였다. 오래된 과거가 아닌 이번 세기의 일이다. 벨기에 공영 텔레비전 방송 RTBFRadio Télévision Belge Francophone에서 2006년 12월 13일 오후 8시 21분, 〈RTBF 채널 1에 묻는다Questions à la Une de la RTBF〉를 방영하던 중이었다. 방송에서는 "플랑드르가 일방적으로 분리독립을 선언했다"며 "이 소식을 들은 알베르 2세 벨기에 국왕 부부는 콩고민주공화국의 킨샤사로 탈출했고, 각 지역의 경계선마다 바리케이드가 세워졌다"고 보도했다.

물론 사실무근이었다. RTBF는 시청자를 진짜로 속일 의도도 없었다. '만우절 뉴스' 같은 의도로 제작된 것이었다. 그러나 보도는 지

욕망의 덫, 오보와 가짜뉴스

나칠 만큼 생생했다. 저명한 벨기에 정치인과 유명 연예인은 물론 시민들과의 인터뷰, 왕실 철수, 플랑드르 국기를 들고 환호하는 군중까지 화면에 담았다.[21]

파장은 대단히 컸다. 프랑스어, 독일어, 네덜란드어 등 3개 국어를 공용어로 쓰는 벨기에에서 RTBF는 남부 지역 주민들이 쓰는 프랑스어 방송이었다. 이들 남부 주민에게는 벨기에 인구의 55퍼센트를 차지하며 네덜란드어를 쓰는 북부 플랑드르의 분리 독립이 매우 충격적인 뉴스였다. RTBF에는 모든 사실이 실제 상황이라고 여긴 시청자들의 문

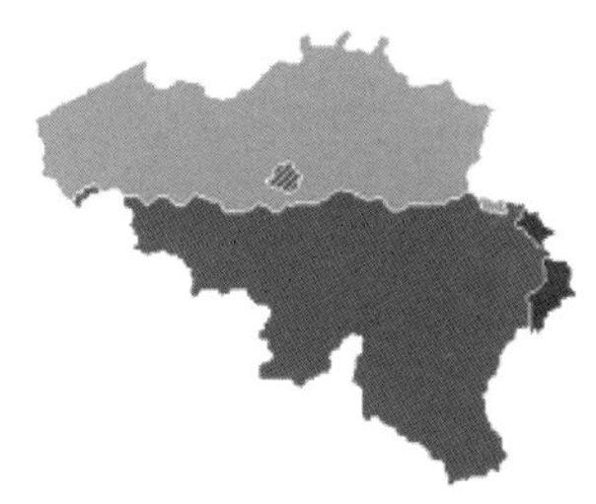

벨기에의 북부 플랑드르 지역은 네덜란드어(■색), 남부는 프랑스어(■색), 동부 끝 지역에서는 독일어를 쓴다. 북부에 있는 수도 브뤼셀에서는 네덜란드어와 프랑스어가 함께 쓰인다.

의가 홍수를 이뤘다. 전화는 3만여 건, 문자 메시지 2만여 건이 쏟아졌고, RTBF의 웹사이트는 다운됐다.

무엇보다 해당 프로그램은 "이것은 픽션이 아닐 수도 있다"는 말로 시작했고, (벨기에의 프랑스어권 미디어 장관의 긴급 요청으로) 방영 시작 30분 뒤부터는 '이것은 픽션입니다'라는 자막을 화면 밑에 추가했다. 하지만 '진실'이라 믿기 시작한 많은 시청자들에게는 별 소용이 없었다. 벨기에 남부 주민들에게 북부의 분리독립은 현실적 공포로 다가온 것이다. 실제로 당시 플랑드르 주민들 가운데 절반가량은 분리독립을 원하고 있었고, 프로그램의 제작 의도도 벨기에가 분할될 실제 가능성

을 보여주려 한 것이었다.

RTBF의 고침 방송이 나온 다음 날까지 사람들 사이에서는 플랑드르 분리독립 선언의 진위를 놓고 논쟁하는 촌극이 벌어졌다. 시청자들의 충격과 놀라움은 가짜뉴스였음을 알게 된 뒤에는 분노로 바뀌었다. 급기야 기 베르호프스타트Guy Verhofstadt 벨기에 총리, 이브 레테르메Yves Leterme 플랑드르주 총리, 엘리오 디 루포 왈롱주 총리 등 벨기에의 정치인들은 물론 인접국인 룩셈부르크의 장클로드 융커Jean-Claude Juncker 총리까지 비난 성명을 내놨지만, 여파는 단기에 그치지 않았다.

풍자를 목적으로 한 가짜뉴스였지만, 그 이후로도 한동안 많은 벨기에인은 국가의 분단 가능성을 높게 생각하게 됐다. 그리고 플랑드르에서는 분리주의가 부상해 분리주의 정당이 지방 선거에서 약진했다.[22]

황색 언론

전통 언론 가운데는 이른바 타블로이드Tabloid 혹은 황색Yellow 언론으로 불리는 선정적인 매체들이 있다. 이들은 예나 지금이나 사실과 허구를 적당히 얼버무려 가짜뉴스를 양산한다. 일부의 진실에 노골적인 거짓 얘기를 섞어 뉴스 소비자들의 눈길을 끈다. 이들의 주된 목표는 말초적 호기심을 자극하는 것이고, 그 수단은 언제나 과장·선정성이다.

그 덕에 많은 뉴스 소비자들은 변치 않는 애정(?)으로 이 매체들을 본다. 하지만 많은 사람들은 황색 신문의 보도를 신뢰하지 않는다.

　　　　　　　　　욕망의 덫, 오보와 가짜뉴스

디지털 콘텐츠가 압도적 주류가 된 뉴스 시장에서도 오프라인 기반의 타블로이드 신문들은 꿋꿋하게 명맥을 이어가고 있다. 일부는 여전히 인쇄판을 유지하며 슈퍼마켓과 편의점 유통망에서 생존하고, 일부는 종이판을 접고 온라인 중심 모델로 전환한 상태다. 형태는 달라졌지만, 선정성과 오락성을 무기로 한 황색 저널리즘은 전통 언론 내부에서 여전히 유효한 장르로 남아 있는 셈이다.

이 신문들의 가짜뉴스와 과장, 왜곡 보도의 예는 너무도 빈번해 일일이 거론하기도 힘들다. 그렇더라도 '도대체 어떤 뉴스들일까?' 하다면, 미국의 대표적 타블로이드 신문인『내셔널 인콰이어러 National Enquirer』의 오른쪽 표지 제목들만 봐도 쉽게 이해할 수 있을 것이다.

타블로이드 신문의 가장 대표적인 가짜뉴스 사례로는 영국『더 선The Sun』의 1989년 보도가 꼽힌다. 1989년 4월 15일, 잉글랜드 셰필드에 있는 힐스버러 스타디움에서는 초대형 참사가 벌어

톰 (크루즈)의 공포의 집안 사정.

미셸의 1억 7500만 달러짜리 이혼!

(FBI 국장이었던) 후버가 케네디 형제와 마틴 루터 킹 목사의 살해를 지시!

졌다. 리버풀 FC와 노팅엄 포레스트 FC 간의 FA컵 준결승전을 보러
온 관중들이 좁은 공간에 몰리며 96명이 압사한 것이다.

　그런데 4일 뒤인 4월 19일 『더 선』은 힐스버러의 참사가 광팬들
에 의해 일어난 일이라는 충격적인 기사를 실었다. 그들은 만취해 있었
고, 시체에 오줌을 싸기도 했다고 보도했다. 당시 발행 부수가 400만
부에 이르던 『더 선』의 이 기사에 붙은 제목은 「진실The Truth」이었다.

1989년 힐스버러 참사를 보도한 『더 선』
의 표지. 제목은 '진실'이었지만, 새빨간
거짓말로 드러났다.

　보도 당시부터 많은 의문들이 쏟아진 『더 선』의 이 기사 또한 가
짜뉴스였다. 가짜뉴스임이 드러나자 『더 선』은 2004년 첫 사과 이후
2012년, 그리고 영국 정부의 힐스버러 참사 조사 결과가 나온 뒤인

　욕망의 덫, 오보와 가짜뉴스

2016년 등 세 차례에 걸쳐 사과했다. 2004년과 2012년 사과문의 제목은 「진짜 진실The Real Truth」이었다.

황색 언론들은 지나치게 과장된 보도들을 남발한다. 그 가운데 적지 않은 수는 거짓 보도라고 봐도 무방하다. 근거 없는 음모설의 진원이 되는 가짜뉴스도 빈번하다. 그러다 보니 '가짜뉴스'와 '폭로 협박' 등의 행위로 악명이 높고, 이를 둘러싼 법적 분쟁도 끊이지 않는다. 그런데 아이러니한 것은, 요즘 가짜뉴스 범람을 우려하는 이들 가운데 황색 언론의 문제를 주목하는 이는 드물다는 것이다. 왜 그럴까?

첫째, 많은 사람들이 황색 언론들의 왜곡이나 과장 등의 행태에 워낙 익숙하다. 타블로이드 신문들의 가짜뉴스에 관해서는 사회적 경계심이 상대적으로 크지 않다는 것이다. 다시 말해, 사람들은 황색 언론의 뉴스들이 '가짜일 수도 있다'는 선입견 아래 소비한다.

둘째, 황색 언론들은 연예 오락, 범죄, 스포츠, 유명인들에 관한 뉴스들을 주로 다루는 탓에 정치나 경제 등 사회적으로 첨예한 갈등에서는 비교적 자유롭다. 수많은 과장 보도와 가짜 보도를 쏟아내고 있지만, 이들 뉴스들은 대개 사회적 파급력도 제한적이고, 진지한 공적 담론으로 받아들여지지도 않는다.

셋째, 가짜뉴스 문제를 비판적으로 논하는 전통 언론과 학계의 시선은 주로 디지털 뉴스 플랫폼에 집중되어 있다. 오래전부터 전통 언론 내부에 자리 잡은 타블로이드 신문들은, 그동안 주류 신문·방송 등 전통 언론의 영향력과 수익에 피해를 주지 않았다. 이는 디지털 플랫폼과 소셜 미디어가 오늘날 전통 언론의 지속 가능성에 심대한 영향을 끼치는 것과는 뚜렷이 대비된다.

요컨대, 타블로이드 신문들의 가짜뉴스들에 대해서는 많은 이들이 익숙하다. 그러나 가짜뉴스는 어디에 실리건 해롭기는 마찬가지다. 타블로이드 신문과 소셜 미디어상의 가짜뉴스들은 그 해악에서 차이가 없다는 것이다. 오히려 소셜 미디어 공간에서는 사용자들에 의해 가짜뉴스의 실상이 밝혀지거나 부정확한 뉴스들이 교정되는 일도 일상적으로 벌어지지만, 대중 미디어인 타블로이드 매체들의 가짜뉴스들은 일방적으로 개별 뉴스 소비자들에게 전파된다.

진위 확인이 사실상 불가능한 개별 뉴스 소비자들에게는 가짜뉴스가 오랜 기간 강한 인상과 함께 남는다. 무엇보다 타블로이드 신문들이 만들어 전파하는 음모론은, 소셜 미디어에서 회자되는 음모론보다 결코 덜 위험하지 않다. 결국 문제는 플랫폼의 종류가 아니라, 사실을 왜곡해 대중의 인식을 흔드는 '가짜뉴스'라는 현상 그 자체에 있다. 가짜뉴스 문제를 디지털 플랫폼에만 국한하여 사고하는 것은, 디지털 미디어에 대한 전통 언론의 반감과 가짜뉴스의 본질을 흐리는 이중의 편견을 함께 드러내는 행위라고 할 수 있다.

　　　　　　　　　　　　　욕망의 덫, 오보와 가짜뉴스

8장

정보 민주화의 역설
가짜뉴스

역사 속의 수많은 사례들은 가짜뉴스가 인류의 삶과 언제나 함께해온 그림자 같았음을 보여준다. 하지만 그 규모나 형태가 항상 같지는 않았다. 가짜뉴스가 평소보다 폭발적으로 늘어나는 특정 시대가 있었다는 뜻이다. 그렇다면 도대체 어떤 시기에 거짓 정보가 유행처럼 범람했을까?

우리가 아는 대로, 디지털 시대가 본격화된 이후 인류의 정보 이용은 비약적으로 확대됐다. 새로운 미디어가 능장하며 정보 이용의 문턱이 낮아지고 '정보 민주화'와 '미디어 대중화'가 진전됐다. 그러자 기존의 전통 언론이 누리던 독점적인 정보 공급자의 권위와 영향력이 급격히 무너졌다.

디지털로 무장하고 등장한 새로운 정보 공급자들은 기존 전통 언론보다 기술과 시장에서 경쟁 우위에 있었고, 사람들은 기꺼이 그들에게 몰려들었다. 아울러 디지털 네트워크는 사실상 모든 사람에게 수평적 소통의 시대를 열었다. 그러자 사람들은 앞다퉈 정보를 서로 공유하며 진실을 찾는 대열에 능동적으로 참여하기 시작했다. 전통 언론이 일방적으로 대중에게 '진실'을 공급하던 시대에서, 모든 사람이 함께 진실을 찾는 시대로 변화한 것이다.

모든 사람이 정보의 공급자인 동시에 소비자인 시대가 왔고, 유통되는 정보량도 폭발적으로 증가했다. 전통 언론에 의해 필터링된 정보를 소비하던 시스템은 무너졌다. 정보의 생산과 소비가 모든 사람의 몫이 됐지만, 정제되지 않은 정보의 유통이라는 대가를 치르는 시대인 셈이다.

그런데 이처럼 한 사회의 정보 전달과 의사소통 방식에 혁명적 변화가 오고, 그에 따라 이전 시기에 비해 정보량이 폭증하면, 그전까지 통용되던 정보에 관한 게이트 키핑gate keeping도 무너진다. 정보량이 늘어나는 속도만큼 부정확한 뉴스와 가짜뉴스가 늘어날 가능성도 함께 커진다는 뜻이다.

인류 역사에서 지금과 가장 유사했던 시기는 16세기 '인쇄 혁명'으로 시작된 유럽의 초창기 인쇄 미디어 시대다. 사회적으로는 종교개혁Reformation이 전 유럽을 휩쓸던 때와 맞물린다. 종이 책자(팸플릿) 등이 널리 보급된 이 시기는 미디어의 대중화와 정보 향유의 민주화가 크게 진전된 시기였다.

이에 따라 정보를 통제하던 기득권층의 위상은 물론, 기존의 이념과 사회 체제는 뿌리에서부터 흔들렸다. 종교개혁 운동이 일어날 수 있었던 배경이다. 그리고 종교개혁 운동은 신교도와 구교도 진영 간의 격렬한 유혈 충돌로 이어졌다. 100여 년 이상 지속된 종교 전쟁이었다.

예나 지금이나 정치사회적 격변기에는 언제나 갖가지 정보가 난무한다. 종교 전쟁 시기에는 인쇄 혁명의 결과로 사람들의 정보 향유에도 지각 변동이 일어났다. 당시 유럽 전역에 가짜뉴스가 전례 없이 폭증할 수밖에 없었던 이유다.

이제 500년 전, 혁신적 미디어 기술의 등장과 함께 정보 민주화가 진전되었던 당시로 가보자. 그 시대를 객관적으로 조망한다면, 가짜뉴스의 사회적 배경은 물론이고 오늘날 우리가 직면한 문제를 깊이 이해할 중요한 통찰을 얻을 수 있다.

8.1.   인쇄 혁명기의 정보 민주화

문자 미디어 시대에는 정보와 지식이 왕이나 귀족 같은 지배 계층의 전유물이었다. 정보의 저장은 필경사의 손 글씨로(혹은 대량 인쇄가 불가능한 목판활자에 의해) 기록됐으며, 이를 이용할 수 있는 이들은 글을 알고 기록된 문서에 접근할 수 있는 극소수에 불과했다. 사회 구성원 가운데 0.1퍼센트에도 못 미치는 이들이 한 사회의 정보와 지식을 독점했다. 거의 대부분의 사람들은 문맹文盲과 무지無知의 상태로 방치됐다. 그리고 이들은 정보와 지식을 독점하고 있는 이들의 지배를 받았다.

　인쇄 혁명은 수천 년 동안 이어진 이런 상황에 변화를 가져왔다. 수천 부의 책자를 짧은 시간 안에 만들 수 있는 인쇄술의 발전이 극소수의 정보와 지식 독점에 균열을 낸 것이다.

　우리는 흔히 가까운 것은 더 크게 인식하고, 먼 것은 더 작게 인식하는 실수를 한다. 역사적 사실을 이해할 때도 마찬가지다. 더 먼 과거일수록 과거의 일을 지금의 일보다 사소한 것으로 인식하는 경우가 많다. "인터넷보다 세탁기가 우리 세상을 더 많이 바꿨다"[1]는 한 경제학자의 지적처럼, 16세기 이후 유럽의 수많은 도시에서 인쇄기가 돌기 시작한 것은 디지털 미디어가 등장한 충격보다 작지 않았다.

　특히 인쇄물들에 담긴 정보와 주장은 부조리한 사회의 변혁을 잉태했고 또 현실로 만들었다. 16세기 종교개혁에서 20세기 초의 러시아 혁명에 이르기까지 수백만, 수천만 명을 삶과 죽음의 갈림길에 서게 했던 사회적 격변은 인쇄 혁명으로 대중이 정보의 민주화를 누리지 않았다면 불가능한 일이었을 것이다.

　요하네스 구텐베르크Johannes Gutenberg, 1397~1468가 금속활자를 발명(1456년)한 뒤 60여 년이 지나 종교개혁이 시작되던 1517년께에는 유럽의 주요 도시 200곳 이상에 인쇄소가 등장해 있었다.[2] 인쇄소가 늘수록 소책자(팸플릿pamphlet)와 서적들의 가격도 낮아졌다.[3] 또 문맹률도 매우 빠르게 감소하고 있었다.[4] 1970년대 한국의 많은 동네에서 사람들이 텔레비전이 있는 이웃집에 모여 텔레비전을 시청했듯, 그 시절 유럽에서는 팸플릿을 함께 돌려 보고, 문맹인 이들도 글을 읽을 줄

　　　　　　　　　　　　　　　　　　욕망의 덫, 오보와 가짜뉴스

아는 이에게 내용을 전해 듣는 일은 점점 더 흔한 풍경이 되어가고 있었다.

그즈음이던 1517년 10월 31일 독일 비텐베르크대학교의 신학 교수 마르틴 루터Martin Luther, 1483~1546는 종교개혁 운동의 서막을 열었다. 그는 면죄부 판매 같은 로마 교황청의 관행은 물론 성경 해석과 교리 등을 조목조목 비판하는 '95개조 반박문'을 대학 교회의 정문에 게시했다.

이를 기점으로 루터의 '95개조 반박문'은 이미 주요 도시마다 자리 잡고 있던 인쇄소를 통해, 빠르게 재인쇄되고 번역되어 유럽 전역으로 전해졌다. 95개조 반박문이 "독일 전역에 알려지는 데는 14일이 채 걸리지 않았고, 거의 모든 그리스도교 국가에 전해지는 데는 4주가 걸리지 않았다."[5] 동쪽으로는 지금의 프랑스 동부에서 서쪽으로 폴란드의 서부까지, 북쪽으로는 발트해 인근에서 남쪽으로 이탈리아 북부에 이르는 지역까지 불과 한 달밖에 걸리지 않았다.

루터가 인쇄한 팸플릿들을 받은 이들은 이를 바탕으로 마치 육상 계주 경기를 하듯 재인쇄해 배포하는 일을 반복했다. 종교개혁과 그 논리에 대중의 준비된 수요는 그만큼 컸다. 1000년 동안이나 쌓여온 교황청의 적폐에 대한 문제의식이 임계치에 도달해 있었던 것이다. 루터뿐만 아니라 많은 종교개혁 운동가들의 수많은 저술들은 팸플릿으로 인쇄되어 유럽 전역의 대중에게 퍼져 나갔고, 루터가 시작한 종교개혁 운동은 엄청난 기세로 전 유럽을 뒤덮었다.

사태가 갈수록 심각해지자 1521년, 교황 레오 10세는 루터를 파문했다. 그리고 스페인의 군주이자 신성로마제국의 황제로 독실한 가톨릭 신자였던 카를 5세로 하여금, 루터를 이단자로 선고해 그의 저서를 소각하고 루터에 대한 원조를 금지하는 '보름스 칙령Edict of Worms'을 발표하게 했다. 특히 교황청도 루터 등 종교개혁가들의 주장을 반박하며, 그들이 거짓말로 신도들을 현혹하는 이단異端, heresy이라는 내용을 담은 팸플릿들을 대대적으로 만들어 뿌렸다.

특히 이 과정에서 가톨릭은 프로테스탄트Protestant들의 주장이 '가짜뉴스'라며 대중을 설득하려 애썼다. 그러면 다시 반박과 재반박을 담은 양 진영의 팸플릿들이 꼬리에 꼬리를 물었다.[6] 신교도 진영과 구교도 진영 사이에서는 상대를 공격하는 수많은 뉴스들이 쏟아져 나왔고, 치열한 가짜뉴스 논쟁이 불붙었다.

경제성장을 이끄는 미디어 기술 혁명

신교와 구교 진영이 맞붙는 동안 이미 유럽의 200여 개 도시에 문을 열고 있었던 인쇄소들은 프로테스탄트의 종교개혁 선전물과 로마가톨릭의 반종교개혁 선전물의 생산 기지 구실을 하며 호황을 누렸다. 일종의 사상투쟁이 팸플릿이라는 새로운 대중 미디어를 통해 전 사회를 휩쓸면서 출판인쇄 산업은 나날이 번창했다.

한 도시에서 인기를 끈 출판물은 제일 먼저 다른 도시 인쇄업자들의 안테나에 잡혔다. 여러 도시의 인쇄업자들 사이에는 인쇄 비즈니스를 위한 네트워크가 형성됐다. 이런 네트워크와 경제 논리는 국가와

　　　　　　　　욕망의 덫, 오보와 가짜뉴스

가톨릭교회의 검열도 무용한 것으로 만들었다.

한편에서는 가짜뉴스 논쟁이 불붙고 있었지만, 그 물리적 토대였던 인쇄 산업의 발달은 경제성장을 견인했다. 런던정경대학교의 경제학자 제러마이아 E. 디트마르Jeremiah E.Dittmar는 2011년「정보 기술과 경제적 변화: 인쇄기의 영향」이라는 실증적 연구를 통해 "15세기 후반기에 인쇄기가 도입된 유럽의 도시들은 인쇄기가 도입되지 않은 다른 비슷한 도시들에 비해 60퍼센트 더 빨리 성장했다"며 "이런 성장 추정치는 인쇄의 영향이 16세기 유럽 도시 성장의 18~68퍼센트를 차지했다"고 밝혔다.[7]

다른 역사적 연구에 따르더라도, 인쇄 미디어는 아이디어가 전파되는 방식을 변화시켰고 인적 자본의 축적을 촉진했으며 비즈니스 관행의 진화에 핵심적인 역할을 했다.[8] 이는 지난 세기 말 이후 정보통신기술ICT의 급격한 발전으로 디지털·모바일 시대가 열리며 지구촌이 이룬 사회경제적 발전과 진배없는 것이었다.

8.2.   500년 전의 가짜뉴스 전쟁

민중을 대변한 "가짜뉴스"

당시만 해도 사회의 진실과 지식의 공인자公認者, authenticator는 로마교황청이었다. 교황청은 한편으로는 권력을 동원한 검열로, 다른 한편으로는 '종교개혁가들이 제시하는 정보와 의견은 가짜뉴스'라는 선전에 나섰다. 하지만 결국 실패를 거듭했고, 로마가톨릭의 권위도 함께 무너져 내렸다.

로마가톨릭이 기존의 교회 체제를 통해 대응한 반면, 종교개혁 진영은 기층 대중 속에 네트워크를 형성하며 대중의 시선과 생각에 부합하는 선전전을 폈다. 요즘의 표현으로 하자면, 뉴스와 정보를 공급하는 데 있어서 가톨릭은 공급자 중심 사고에서 벗어나지 못한 반면, 종교개혁 진영은 소비자 중심 사고로 임한 것이다.

루터에서 시작된 종교개혁의 메시지들은 이에 호응한 종교개혁가들에 의해 다양한 버전으로 곳곳에서 재생산됐고, 나라마다 다른 대중들의 언어로 번역됐다. 하지만 로마가톨릭은 이를 따라가지 못했다.

루터파의 '반교황 팸플릿'. 늑대 얼굴을 한 교황, 추기경, 주교들이 그물로 오리를 잡고 있다.

욕망의 덫, 오보와 가짜뉴스

달리 말하면, 로마가톨릭은 인쇄 혁명이 불러온 정보·뉴스의 공급과 소비의 독(과)점 붕괴라는 시대적 변화에 적응하지 못한 채 허둥지둥 댔다.

교황과 군주들이 누려온 정보 공급의 독(과)점 체제가 무너졌고, 수많은 팸플릿 미디어들이 등장해 사람들의 수요에 부응했다. 로마가톨릭만이 단 한 가지 목소리를 내는 시대는 시시각각 저물어갔다. 수동적이기만 했던 대중은 능동적으로 변화했고, 자연발생적으로 쏟아져 나온 수많은 선전 팸플릿들이 대중의 정보에 대한 갈증과 허기를 채웠다. 가톨릭과 종교개혁 진영의 대결은 어쩌면 시작부터 승부가 이미 나 있는 게임이었다.

로마가톨릭이 진실의 유일한 공인자였던 기존 체제를 기준으로

교황청 쪽의 '반루터 팸플릿'. 사제 복장을 한 루터의 머리가 일곱 개로 그려져 있다.

보면, 종교개혁가들의 교리 해석이나 주장은 명백한 '가짜뉴스'였다. 사회 구성원 대다수가 교황청의 교리 해석을 진실로 받아들여 온 만큼 교황청의 견해는 '사회적 진실'로 기능해왔기 때문이다. 그러나 사회적 진실의 요건 중 가장 근본적인 '사회적 동의'가 무너지기 시작했다.

흥미로운 대목은 당시 '가짜뉴스' 논란이 종교개혁 진영과 로마 가톨릭 사이에만 있었던 것이 아니라는 점이다. 종교개혁 진영의 팸플릿들에 루터도 수용하기 어려운 많은 가짜뉴스들이 등장했기 때문이다. 이런 현상은 중앙집권적 통제가 약할수록 불가피한 일이었다. "마르틴 루터……. 역시 빠른 네트워크식 확산의 그림자인 가짜뉴스 현상에서 자유롭지 못했다. 그가 쓴 원본과 다른 내용의 출판물에 '마르틴 루터'라는 브랜드가 붙어 돌아다니는 것을 지켜봐야 했던 것이다. 그 역시 가짜뉴스 현상의 피해자였다."[9]

종교개혁 진영은 '교황의 착취'에 반대한다는 공동의 기치가 있었지만, 시간이 흐를수록 원조 격인 루터의 주장과 유사하면서도 다른 다양한 견해들이 나왔고 이는 팸플릿에 실려 반복적으로 재생산됐다. 정보와 지식의 민주화가 진전되며 독(과)점이 무너진 자리에는 다양성이 필연적으로 자라났다.

16세기에도 등장한 소셜 미디어

2011년 튀니지에서 시작해 이집트까지 북아프리카 무슬림 국가들에 이어진 민주화 혁명은 '아랍의 봄The Arab Spring'으로 불린다.

　　　　　　　　욕망의 덫, 오보와 가짜뉴스

이 연쇄 혁명이 한창이던 2011년 12월, 경제 전문지『이코노미스트 The Economist』에 흥미로운 기사가 실렸다. 기사의 제목은「루터가 입소문을 낸 방법How Luther went viral」이었고, 아래의 부제는 더 강렬했다. '페이스북과 아랍의 봄이 있기 500년 전, 소셜 미디어는 종교개혁을 가능하게 했다.' 요컨대 500년 전 종교개혁을 가능하게 한 힘이 오늘날 아랍의 봄을 가능하게 한 힘과 본질적으로 같다는 통찰이었다.

> 루터가 능숙하게 활용한 미디어 환경은 블로그, 소셜 네트워크 및 댓글 토론으로 구성된 오늘날의 온라인 생태계와 많은 공통점이 있었다. 참여자들이 공유와 추천을 통해 어떤 메시지를 증폭할지 집단적으로 결정하는 분산형 시스템이었다. 현대 미디어 이론가들은 그러한 시스템의 참가자를 "청중"이라기보다 "네트워크로 연결된 대중"이라고 부른다. 왜냐하면 그들은 정보를 소비하는 것 이상의 일을 하기 때문이다.
>
> -『이코노미스트』, 2011[10]

실제로 종교개혁 진영의 선전전이나 뉴스와 정보 소비 양상은 지금의 소셜 미디어 커뮤니케이션과 유사했다.『이코노미스트』의 기사에 따르면, 루터가 만든 팸플릿들은 하루나 이틀이면 유럽 곳곳에 도달했다. 루터의 동조자들은 본인들이 읽는 데 그치지 않고 주변에 이를 추천했다.

이 소식을 들은 인쇄업자들은 한 번에 약 1000부씩 사본을 인쇄해 적극적으로 판촉에 나섰다. 인기를 끈 팸플릿은 사실 판촉도 필요 없었다. 이런 양상은 오늘날 소셜 미디어의 콘텐츠에 '좋아요'를 누르거나 콘텐츠를 공유하는 행위와 다를 바 없었다고 『이코노미스트』는 설명했다.

종교개혁 초기 10년 동안만 해도 한 번 인쇄할 때마다 1000부 이상을 찍는 팸플릿이 6000종 이상이었고, 그 가운데 루터의 저작물은 4분의 1이 넘었다. 그의 첫 번째 팸플릿인 '면죄부와 은혜에 관한 설교Sermon on Indulgences and Grace'는 열네 번이나 재인쇄됐다.

대중은 종교개혁가들과 교황청의 논객들이 서로 논쟁하는 모습을 새로운 미디어인 팸플릿을 통해 경험했다. 또 이를 바탕으로 가정이나 일터에서, 선술집이나 빵집에서 주변 사람들과 토론하는 것은 이전에는 경험해보지 못한 짜릿함과 감동을 선사했다.[11] 또한 디지털 시대 소셜 미디어가 낳는 에코 챔버echo-chamber, 反響室 효과는 이미 당시에도 위력을 보였다.

팸플릿의 내용은 단지 활자에만 머물지 않았다. 멜로디가 붙은 노래(발라드Ballade)[12] 형식으로도 만들어져 거리와 선술집에 모인 사람들에게 퍼져 나갔고, 풍자를 담은 목판화로도 등장했다. 팸플릿, 발라드, 목판화가 쏟아지는 가운데 로마교황청 쪽은 '헛되고 거짓된 것들'이라고 응전했다. 그들의 이런 주장에도 16세기형 소셜 미디어를 구가했던 대중은 가톨릭의 권위로 뒷받침되는 '낡은 진실'을 외면하고, 종교개혁 진영이 제시한 '새로운 진실'에 적극적인 동의를 표시했다.

역사학자 로버트 단턴Robert Darnton은 "현재의 의사소통 기술의 경이로움이, 과거에 대한 잘못된 의식, 특히 의사소통에는 역사가 없

 욕망의 덫, 오보와 가짜뉴스

〈수도사의 기원The Origin of the Monks〉으로 이름 붙인 목판화. 세 악마가 수도승들을 배설하는 모습이 묘사되어 있다.

다는 생각을 낳았다"고 말한다.[13] 디지털 시대의 소셜 미디어가 전례 없이 새로운 것은 아니라는 말이다. 16세기 유럽에도 공동체 내부, 공동체들 간의 의사소통과 네트워크는 존재했다. 이를 활성화시킨 것은 200여 도시에 있던 인쇄소와 이들 인쇄소에서 찍어낸 팸플릿들이었고, 발라드와 목판화는 팸플릿이 접근하지 못하는 빈 공간을 메웠다.

넓게 보면 인류사에서 혁명적 시기, 대격변의 시기에는 대중이 필요로 하는 정보늘이 언제나 그 시대에 구축된 소셜 미디어 네트워크를 통해 공유됐다. 소셜 미디어 네트워크는 흉기凶器가 아닌 이기利器의 구실을 해온 것이다.

'가짜뉴스 전쟁'의 충분조건

"기성 제도에 의문을 제기하는 대안적 주장이 여론의 힘을 얻으면 공론
장에서는 진실게임이 벌어진다. 공론장의 조직 방식과 정보 흐름의 패
턴을 바꾸는 뉴 미디어의 등장이 결합되면 각자의 진실은 더욱 첨예하
게 부딪힌다. 그야말로 가짜뉴스 공방전이 시작되는 것이다."[14]

『가짜뉴스의 경제학』을 쓴 노혜경은 "종교개혁은 가짜뉴스 전쟁
이었다"며 "종교개혁에서의 가짜뉴스는 가짜뉴스가 순수한 디지털 현
상이라는 선입견에서 벗어날 수 있도록 도와준다"고 말한다. "새로운
정치 경제의 논리가 뉴 미디어라는 엔진을 타고 기존 논리에 도전해
제도를 흔들 때 가짜뉴스와의 전쟁이 벌어진다"는 것이다.

일견 맞는 말이지만 그의 설명은 가짜뉴스 전쟁의 필요조건일 뿐
충분조건은 아니다. 역사상 인류가 경험한 뉴 미디어는 문자, 인쇄, 전
신, 디지털 등 여럿이었다. 그리고 그때마다 문자, 인쇄, 원격, 디지털
의사소통의 시대가 열렸다. 그렇지만 뉴 미디어가 등장하고 사람들의
의사소통 방식이 진화할 때마다 범사회적 수준의 '가짜뉴스 논란' 혹
은 '가짜뉴스 전쟁'이 벌어지지는 않았다.

문자가 발명된 이후에도, 전신과 전파 통신이 발달하면서 방송의
시대를 연 뒤에도 '인쇄 미디어 초기'나 '지금의 디지털 미디어 시대'
와 같은 뉴스 수급의 역동성은 나타나지 않았다. 미디어 기술 혁신이
일어났더라도, 그 혁신이 미디어 이용의 민주화를 담보하는 게 아니었

욕망의 덫, 오보와 가짜뉴스

기 때문이다.

문자가 발명되면서 정보와 지식의 저장이 가능해지며 인류 문명이 시작됐지만, 정보와 지식의 독과점은 되레 심화했다. 극소수의 지배 계층이 문자 미디어와 정보의 수요를 독점했기 때문이다. 인쇄 미디어가 다시 초대형 신문 미디어로, 전파 미디어가 방송 미디어로 발전할 때도 대중의 정보와 지식 향유는 크게 증가했지만, 정보와 지식의 공급은 소수의 거대 대중 미디어들이 독점했다.

그러나 디지털 시대에 접어들자, 예전과 다른 상황이 벌어졌다. 정보의 수요와 공급 독점이 모두 사라진 것이다. 일상 속으로 자리 잡은 소셜 미디어는 이런 변화를 가져온 핵심이었다. 이는 마치 16세기 팸플릿들에 의해 로마가톨릭의 정보 공급 독점이 무너진 것과 매우 유사했다. 당시에는 수많은 대중이 정보와 지식 공급에 능동적으로 참여하며 로마가톨릭 중심의 정보 공급과 전달 시스템을 무너뜨렸다면, 이번에는 대중 미디어의 정보 공급 독점을 붕괴시켰다.

요컨대 가짜뉴스 전쟁의 충분조건은 기술 혁신으로 등장한 뉴 미디어에 의한 미디어 이용의 대중화이다. 이때 기존 체제의 기득권 집단이 누리던 미디어 독과점에는 큰 균열이 생겨난다. 정보·지식의 생산·유통·소비 전반에 걸쳐 대중의 참여가 급격히 확대되는 시기라는 뜻이다. 이른바 '탈진실의 시내'는 이런 변화 속에서 벌어지는 가짜뉴스 전쟁의 다른 표현이라 할 수 있다.

이 시기는 기성의 권위가 해체되면서 새로운 시대의 동력이 확보되는 시기이기도 하다. 또 어떤 형태이든 정보의 민주화는 사회의 민주화도 촉진한다. 이전보다 가짜뉴스가 늘어나는 것은, 그만큼 많은 지식과 정보가 유통되고 있음을 뜻한다. 미디어 기술의 진화가 일어나는 주요한 전환기마다 주류 언론의 위상 변화가 생기는 것 또한 자연스런 일이다.

노혜경은 "미디어 발달은 정보의 흐름을 촉진시키고, 정보의 흐름은 시민을 스스로 생각하고 기존의 관습에 도전하도록 자극한다. 정보의 원활한 흐름은 고정관념 위에 끊임없이 새로운 생각을 실어 나르며 충돌과 혼돈을 일으킨다. 당시에는 방향성 없는 혼돈의 상태로 여겼겠지만, 역사적으로 볼 때는 문명의 발달과 경제성장으로 이어진 셈이다"라고 말했다.

인류의 지난 역사는 우리에게 표면의 현상에 불과한 '가짜뉴스' 자체만을 바라보지 말라고 말해주는지도 모른다. 가짜뉴스를 향해 우려와 탄식, 비판에 앞서 우리는 정보와 지식의 민주화를 진전시키는 미디어 기술의 혁신, 의사소통 방식의 진화와 같은 우리 삶의 근본을 바꾸는 저변의 변화에 눈을 돌려야 한다는 얘기다.

다음 장에서는 가짜뉴스가 실제로 우리 사회에 어떤 영향을 미치는지 살펴보자. 이는 많은 사람들이 가장 궁금해하는 문제이자, 가장 실질적이고도 중요한 일이다.

   욕망의 덫, 오보와 가짜뉴스

9장

가짜뉴스는
진짜 위협적인가

"가짜뉴스의 행상인들pedlars이 민주주의를 부식시키고 있다."[1]

– 앤드류 스미스Andrew Smith, 영국 작가

"소셜 미디어에서는 '관점을 가진 의견'이 '팩트에 기반한 정보'보다 훨씬 더 많이 공유된다. 이것은 굉장히 위험하다. 왜냐하면 가장 많이 공유되는 의견 형태는 드라마틱하거나 분노를 일으킬 만한 것들인 반면, 가장 덜 공유되는 형태의 정보는 균형적이고 사실에 입각한 신중한 정보이기 때문이다."[2]

– 캐서린 바이너Katharine Viner, 『가디언』 편집국장

많은 사람들은 이런 주장에 강하게 공감한다. 가짜뉴스가 민주주

의를 위협하고, 소셜 미디어가 그 온상이 되었다는 직관은 매우 설득력이 있다. 하지만 가짜뉴스가 오늘날 유난히 심각하다는 통념에는 몇 가지 생각해봐야 할 요소도 있다.

무엇보다 가짜 뉴스의 확산은 소셜 미디어가 "새롭게 만든" 문제가 아니라, 전통의 신뢰가 무너진 틈을 파고든 결과다. 전통 언론에 대한 불신이 깊어지면서 사람들은 다른 출처의 정보에 자연스레 의존하게 되었고, 이 공간에 가짜뉴스가 들어왔다. 아울러 디지털 시대 이후 거짓 정보가 많아진 것은 악의적 공급이 증가한 때문만이 아니라, 전체 정보량이 폭증한 데 따른 결과다. 정보가 증가하면 그 속에서 오류역시 증가하는 것이 자연스러운 일이다.

그렇다면 오늘날의 가짜뉴스는 과거보다 얼마나 더 심각하고 위협적일까? 우리의 직관적 추정과 실제 상황이 다를 때도 적지 않은 만큼, 확인이 필요한 사안이다. 가짜뉴스의 실질적 영향력도 마찬가지로, 객관적 데이터를 통해 확인이 필요하다.

인터넷 시대의 가장 큰 부작용 중 하나로, 가짜뉴스와 관련해서도 자주 언급되는 '메아리 방 효과'[3]를 예로 보자. 이는 방송이나 녹음 시 잔향감을 주려 인공적으로 메아리를 만드는 방에서 소리를 내면 그 소리가 메아리가 되어 돌아오듯, 자신과 유사한 생각을 가진 이들과만 소통하며 편향된 사고를 갖는 현상이다.

많은 사람들은 이 현상이 인터넷과 소셜 미디어 때문에 더욱 심해졌다고 생각한다. 그러나 실제 연구 결과는 그렇지 않다. 미국인을 대상으로 한 연구를 보면, 같은 지역에 사는 사람들 사이의 동질성보다 같은 인터넷 사이트 이용자 사이의 동질성이 더 크지 않았다.[4] 정치적 양극화가 미국 못지않은 한국은 어떨까? 광주·전남과 대구·경북 지역 유권자들의 좌우파 정당 지지율은 대략 9 대 1과 2 대 8이다. 압도적일 만큼 한쪽으로 쏠려 있다. 온라인이 아닌 오프라인에서도 이 정도다.

세계적으로는 이보다 더한 사례도 셀 수 없이 많다. 이런 현실을 떠올리면, 특정 정치 성향의 온라인 커뮤니티나 유튜브 채널 이용자의 동질성이 오프라인에서보다 더 심하다고 단정하기는 어렵다.

사람들은 자신과 주변 사람들의 예상과 다른 선거 결과를 쉽게 받아들이지 못한다. 이때 많은 이들은 자신과 다른 선택을 한 이들이 잘못된 정보에 현혹되어 그릇된 선택을 했다고 판단한다. '사람들이 가짜뉴스에 속았다'는 생각을 하게 되는 것이다. 그러나 이런 추측성 판단은 거의 대부분 객관적으로 입증되지 않은 믿음이다.

실제로 가짜뉴스가 선거 결과를 뒤흔들었다는 주장에는 실증적 반례들이 계속 제시되고 있다.[5] 벤저민 라이언스Benjamin A. Lyons, 앤드류 게스Andrew Guess, 브렌던 나이언Brendan Nyhan, 제이슨 라이플러Jason Reifler 등이 허위 정보 분야의 대표 연구자들이다. 이들은 여러 대규모 데이터를 분석한 끝에, 유권자들이 선거 과정에서 접하는 가짜뉴스의 양은 생각보다 매우 적고, 그 정보의 상당 부분이 이미 확고한 정치 성향을 가진 소수에게 집중된다는 사실을 반복적으로 확인했다.[6]

예컨대 2016년 미국 대선 당시 전체 유권자 중 1퍼센트 미만이 가짜뉴스 소비의 대부분을 차지했으며, 이들은 대부분 이미 특정 후보를 강하게 지지한 사람들이었다.[7] 즉 가짜뉴스는 새로운 믿음을 만들어내는 게 아니라, 기존의 신념을 확인해주는 역할을 했다. 이처럼 가짜뉴스의 실제 영향은 대중이 생각하는 것보다 훨씬 제한적이었다.[8] 이제 가짜뉴스의 실제 영향력이 어느 정도인지, 객관적인 데이터와 이 분야에서 대표적인 학자들의 연구 결과를 바탕으로 차분히 살펴보자.

9.1. 쏟아진 인상 비평, 부풀려진 영향

2016년은 서구의 유력 전통 언론에는 충격적인 해였다. 그들의 예상과 달리 미국에서는 대통령 선거에서 도널드 트럼프가 승리하고, 영국에서는 국민투표를 통해 브렉시트Brexit가 결정됐다. 둘 다 유력 언론들과 전문가들의 예상이 완전히 빗나간 결과였다. 당시 전통 언론들은 투표 날 오전까지도 미국에서는 힐러리의 승리를, 영국에서는 브렉시트 부결을 기정사실처럼 다뤘기 때문이다.

전통 언론이나 이 예측을 그대로 믿었던 많은 이들에게 이런 결과는 이해하기 어려운 일이었다. 이들이 이런 예상 밖 현실을 설명하고 이해하는 데 등장한 개념이 탈진실과 가짜뉴스였다. 사람들이 진실을 믿지 않았고, 가짜뉴스에 휩쓸렸다는 것이다. 실제로 『가디언』과 『워싱턴 포스트』는 "가짜뉴스가 아니었다면 트럼프는 당선될 수 없었을 것"이라는 칼럼까지 실었다. 온라인에서 확산된 허위 정보가 선거와 투표의 결과를 결정적으로 흔들었다는 주장이었다.[9]

데이터도 이런 주장을 뒷받침하는 듯했다. 『버즈피드 뉴스Buzzfeed

News』의 캐나다판 편집장 크레이그 실버만Craig Silverman에 따르면, 2016년 미국의 대통령 선거 전 3개월여 동안 선거 관련 가짜뉴스 20개는 페이스북에서 871만여 번의 '좋아요', 공유, 댓글을 생성했다. 반면에 전통 언론에서 가장 많이 본 20개 기사의 공유 수는 736만여 개에 그쳤다.[10] 특히 선거 전 8개월간의 추이에서 진짜 뉴스는 참여도가 절반 가까이 감소한 데 반해 가짜뉴스는 세 배 가까이 증가했다.

또 "가짜뉴스의 온상"으로 지목되는 페이스북 사용자는 2016년 당시 이미 전 세계에서 18억 6000만 명, 미국에서는 1억 9000만 명이었다. 이 숫자는 2025년 각각 30억 7000만 명, 2억 4000만 명으로 증가했다.

이런 실태와 관련해, 『가디언』의 편집국장 캐서린 바이너Katharine Viner도 스마트폰과 페이스북에서 뉴스 소비자들이 원하든 원치 않든 가짜뉴스에 노출되고 있다고 말했다. 『르몽드』나 『가디언』 같은 고품질 전통 언론과 북마케도니아의 가짜뉴스 사이트들이 생산한 뉴스들이 소셜 미디어에서는 모두 동등하게 취급되는 현실이 문제라는 것이다.[11]

과연 가짜뉴스는 인구 3억 3000여만 명의 미국과 6800여만 명의 영국에서 전 국민투표 결과를 바꿀 만큼 영향이 컸을까? 어림짐작이나 인상비평의 수준을 넘어 차분히 생각해보자. 가짜뉴스에 대한 '좋아요'나 공유하기와 댓글 반응이 많았다는 것만으로 가짜뉴스가 실제로 선거의 당락까지 바꿨다고 단언하기는 어렵기 때문이다. 지지 후보가 정해져 있던 사람들이 집중적으로 본 것은 아닌지, '좋아요' 누르기가 해당 콘텐츠에 대한 믿음을 반영한다고 볼 수 있는지, 가짜뉴

<表 9-1> 전 세계 및 미국의 페이스북 '월간 활성 사용자'MAU 연도별 추이(2014~2025)

연도	전 세계(억 명)	미국(백만 명)
2014	13.9	168
2015	15.9	171
2016	18.6	190
2017	21.3	204
2018	23.2	210
2019	25.0	221
2020	28.0	223
2021	29.1	226
2022	29.6	233
2023	30.6	235
2024	30.5~30.7	236~238
2025	30.7	238~240

- 월간 활성 사용자MAU는 최근 30일 내 1회 이상 접속한 사용자.
- 미국 사용자 수는 메타Meta 공식 데이터와 Statista/eMarketer의 공개 수치를 통합한 값.[12]

스를 보고 생각이 바뀐 유권자가 얼마나 되는지 등은 모두 따져봐야 할 문제다.

결론부터 얘기하면, 가짜뉴스가 사회를 뒤흔든다는 익숙한 믿음은 실제 데이터와 축적된 연구들 앞에서 과장된 이야기로 드러난다.

가짜뉴스의 영향력은 사회적 통념보다 작고, 선거 결과를 뒤바꿀 만큼 크지 않다는 것이다. 실제 데이터를 바탕으로 연구한 대부분의 학자들은 가짜뉴스의 소비나 영향 모두 사람들의 통념에 크게 미치지 못한다고 말한다. 경험이나 직관에 의존해 위험성을 강조하는 전통 언론이나 일부 전문가들의 주장과는 크게 다른 셈이다.

이를테면, 2016년 미국 대선 기간 가짜뉴스 사이트를 방문한 미국인은 미국 성인의 4분의 1에 불과했다. 또 같은 기간 미국인이 본 가짜뉴스들은 정치나 경제 뉴스 등 믿을 만한 경성 뉴스hard news 사이트에서 본 뉴스의 2.6퍼센트에 그쳤다.[13]

트위터 이용에 관한 연구에서도 가짜뉴스 노출이 제한적이라는 결론을 반복적으로 보여준다.[14] 결국 2018년 『뉴욕 타임스』는 이런 일련의 연구 결과들을 「가짜뉴스가 광범위하게 도달하지만 영향은 거의 없다Wide reach but little impact」라는 제목으로 보도했다.[15]

주요 학술 서적들도 한결같이 가짜뉴스의 확산과 영향은 대중의 인식에 훨씬 못 미친다고 정리한다. 『세계 저널리즘 연구 대백과The international encyclopedia of journalism studies』는 "가짜뉴스의 확산과 영향에 대한 연구들은 가짜뉴스의 확산 수준이나 대중에게 미치는 영향이 작다고 지적한다"고 설명한다.[16]

고든 페니쿡Gordon Pennycook과 데이비드 랜드David G. Rand는 가짜뉴스 논의를 집대성한 『가짜뉴스의 심리학The Psychology of Fake News』에서 "축적된 학문적 증거들에 따르면, 가짜뉴스 소비가 선거 결과를 바꾸고 있다고 시사하는 증거는 거의 없다"고 밝혔다. 그들은 가짜뉴

스에 대한 대중의 경각심은 실제 상황에 비례하지 않을 수 있다고 말한다.[17]

여러 연구 가운데 가장 대표적인 것이 4장에서 잠시 언급한 경제학자 헌트 알코트와 매튜 젠츠코우의 연구다.[18] 2016년 미국 대선 당시 소셜 미디어상에서 소비된 가짜뉴스들의 실상과 그 정치적 영향을 실증적으로 확인한 이 논문은, 2017년 발표 뒤 지금까지 1만 3000회나 인용될 만큼 큰 주목을 받았다.

이 연구에 따르면, 당시 연구 대상으로 삼은 소셜 미디어상의 주요 가짜뉴스 156건의 공유 및 조회수는 각각 3800만 번과 7억 6000만 건이었다. 미국 성인 한 명당 평균 약 3건의 가짜뉴스를 읽은 셈이었다. 그런데 소셜 미디어를 선거 뉴스의 "가장 중요한" 출처로 본 사람은 미국 성인의 14퍼센트에 불과했다.

또 소비한 전체 뉴스 가운데 가짜뉴스가 차지한 비중은 클린턴 지지자들의 경우 1%였고, 트럼프 지지자들은 6%였다. 하지만, 트럼프 지지자들이 5주 이상 동안 소비한 가짜뉴스도 평균 5개에 불과했다. 가짜뉴스 소비량은 전체 뉴스 소비량에 비해 극히 일부에 지나지 않았던 것이다. 또한 선거가 끝나고 시간이 흐른 뒤에는 미국 성인들이 기억하는 가짜뉴스가 평균 1.14건이었다. 사람들은 가짜뉴스를 그만큼 잘 기억하지도 못했다.

뿐만 아니라 가짜뉴스는 미국인 일반이 아니라 특정 정치 편향(특히 친트럼프 편향)을 가진 이들이 집중적으로 소비했다. '친트럼프' 성향의 가짜뉴스는 '친클린턴'보다 2.8배나 많았고, 공유 횟수는 '친클린

 욕망의 덫, 오보와 가짜뉴스

턴'의 3.9배였다.

또 조사 대상 유권자 가운데 친트럼프 성향의 10퍼센트가 가짜뉴스 사이트 방문자의 65퍼센트를 차지했다. '친힐러리' 성향을 보인 대다수 전통 언론에 만족하지 못한 트럼프 지지자들이 자신의 정치적 신념에 부합하는 뉴스들을 찾아 소비한 셈이다(〈그림 5-3〉 참고). 즉, 가짜뉴스가 사람들의 정치적 선택을 바꾸게 했을 가능성은 크지 않았다.

나아가 저자인 알코트와 젠츠코우는 가짜뉴스 하나가 '텔레비전 선거 광고' 한 편만큼의 설득력이 있었다고 해도, 그 영향력은 트럼프가 승리한 핵심 주州들에서 트럼프와 클린턴의 지지율 차이를 뒤집지 못했다고 주장했다. 이 견해는 '가짜뉴스의 해악'을 강조하는 전통 언론과 언론인들의 주장과는 온도 차가 크다.

그럼에도 불구하고 가짜뉴스의 폐해가 심각하다는 많은 사람들의 생각은 굳건해 보인다. 전문가들도 사람들이 객관적 연구 결과와 별개로 가짜뉴스의 폐해를 인식하고 있다고 진단한다. 가짜뉴스가 이미 '정치적 편 가르기'나 '진영 논리'를 대변하는 효과적인 수단으로 대중에 깊이 각인되어 있기 때문이다. "(가짜뉴스의 영향이 크지 않다는) 사회과학 연구의 실증적 결과가 (나오더라도) 가짜뉴스를 사회 문제로 보는 대중의 인식을 획기적으로 비꾸지는 못할 것"이라는 것이다.[19]

9.2.   상존하는 위험

우리는 전통 언론과 뉴 미디어, 유력 언론과 소셜 미디어 사용자에 이르기까지 가짜뉴스의 사례와 원인, 그리고 실질적 영향을 살펴봤다. 또한 오보에 관해 설명한 1부에서 얻은 함의까지 떠올리며 지금까지 논의한 핵심 요점을 정리하면 다음과 같다.

가짜뉴스 문제가 전면에 부각된 직접적 이유는 디지털 인프라와 소셜 미디어, 그리고 트럼프 같은 정치인들 때문이었다. 하지만 근본적인 원인은 탈진실로 표현되는 기성 전통 언론과 전문가들에 대한 대중의 광범위한 불신, 그리고 (나라마다 차이가 있지만) 지구촌을 덮친 정치적 양극화였다. 특히 정치적 양극화와 언론에 대한 불신으로 심화된 가짜뉴스 현상은 다시 정치적 양극화와 언론 전반에 대한 불신을 심화하는 악순환의 한 고리가 됐다.

또한 수요가 없는 상품을 만드는 생산자가 없듯이, 정보와 뉴스의 세계도 다르지 않다. 다양한 뉴스들은 수요가 있기 때문에 만들어진다. 가짜뉴스가 만들어지는 이유는 가짜 계란 같은 불량 식품부터 품질 관리가 안 된 식품, 몸에 치명적인 독성 물질이 함유된 식품이 시장에 나오는 이치와 같다. 엽기적인 범죄와 선정적인 가짜뉴스, 확인 불가능한 뉴스가 넘쳐났던 대중 신문의 초기나 지금이나 본질적인 변화는 없는 것이다.

객관적인 데이터에 입각한 연구 결과를 보면 근래의 가짜뉴스, 특히 소셜 미디어에 기반한 가짜뉴스의 영향은 세간의 통념보다 크지 않았다. 가짜뉴스 소비가 증가하더라도 대부분 당파성이 강한 사람들이 소비했다. 정치적 견해가 이미 분명한 이들이 가짜뉴스를 집중적으로 소비하고 또 신뢰한다는 것이다.

따라서 가짜뉴스가 한 사회의 정치적 의사결정까지 바꾼다는 염려는 다시 생각할 필요가 있다. 과학적으로 입증되지 않은 추론을 바탕으로 과도한 처방과 규제에 나서는 일은 신중해야 한다. 물론 미세한 차이로 승패가 갈리는 선거에서는 가짜뉴스의 영향이 없다고 할 수 없고, 가짜뉴스가 사회의 정치적 양극화를 심화·유지시키는 요인이라는 점에서 결코 바람직하지 않다.

가짜뉴스 같은 거짓 정보의 실질적 영향은 그에 포함된 거짓의 비중이나 고의성의 수준에도 비례하지 않는다. '모든 사실들'을 날조한 뉴스는 많은 경우 곧바로 거짓임이 밝혀지지만,[20] '극히 일부의 사실(들)'을 왜곡하거나 날조한 경우 오랜 기간 본 모습이 드러나지 않은 채 장기간 진실로 받아들여진다.

거짓이라는 사실이 밝혀지는 데 더 오랜 시간이 걸리는 뉴스일수록, 더 많은 사람들에게 일거에 전해지는 거짓 정보일수록 그 폐해는 눈덩이처럼 불어난다. 실제로 장기간 사회의 의사 결정을 왜곡하며 악영향을 끼치는 뉴스도 그런 뉴스들이다. '명백한 가짜뉴스'보다 '진실과 거짓이 적당히 섞인 뉴스'가 더욱 위협적인 셈이다.

소셜 미디어상에서 개인이나 작은 뉴스 미디어가 만든 가짜뉴스는 아주 짧은 순간 영향을 끼칠 뿐이다. 하지만 아직도 막강한 영향력을 지닌 전통 언론은 시대와 사회 자체를 엉뚱한 방향으로 바꿀 수 있다. 소셜 미디어에서 도는 가짜뉴스들은 전통 언론의 오보나 부정확한 뉴스보다 그 영향이 심대하지는 않다는 것이다.

진실된 뉴스든 거짓 정보와 부정확한 뉴스든, 어느 쪽으로나 심대한 영향을 끼치는 더 큰 주역은 여전히 전통 언론들이다. 역사를 바꾸고 우리의 운명을 좌우했던 '가짜뉴스'들도 지금까지는 대부분 유력 언론들이 세상에 내놓은 것이었다.

전통 언론의 쇠퇴가 낳는 우려

그런데 전통 언론의 입지가 근래 점점 더 좁아지고 있다는 것은 오보, 가짜뉴스 문제와 관련해 또 다른 우려를 낳고 있다. 이유는 다음과 같다.

유력 언론들은 지금도 군소 뉴스 사이트나 개별 소셜 미디어 이용자들과는 비교할 수 없을 정도로 많은 독자들에게 일상적으로 뉴스를 전한다. 그런데 유력 언론들은 뉴스 소비자들의 신뢰가 상대적으로 높을 뿐만 아니라 '진실과 거짓을 섞는 탁월한 레시피'를 가진 언론인들을 보유하고 있다. 거짓을 더 그럴듯하게 진실인 양 전할 수 있다는 것이다.

게다가 근래 뉴스 시장의 디지털화로 이들 전통 언론들의 평균적인 보도 품질도 떨어지고 있다. 보도 품질의 하락은 의도한 왜곡과 오보, 의도하지 않은 오보가 늘고 있음을 뜻한다. 따라서 뉴 미디어와 전통 언론 모두를 막론하고 '의도한' 혹은 '의도하지 않은' 오보, 그리고

 욕망의 덫, 오보와 가짜뉴스

거짓과 진실 사이를 넘나드는 '절반의 진실'을 담은 뉴스가 늘어날 가능성은 점점 더 커지는 셈이다.

특히 전통 언론은 한때 정보와 지식의 보고寶庫였지만, 지난 역사에서 보듯이 늘 어두운 그늘도 있다. 지금도 전통 언론들은 때로는 오보로, 때로는 '거짓'과 '진실'을 가르는 담장 위를 걷는 듯한 뉴스를 보도한다. 결국 거짓 정보와 관련해 가장 큰 영향을 끼치고 있는 것은 전통 언론이었다는 점을 꼭 기억해야 한다.

9.3. 　진실과 거짓을 섞는 레시피, 만들어지는 진실

"가짜 참기름을 만드는 데 가장 많이 들어가는 재료가 무엇인가?"라는 난센스 퀴즈가 있다. 정답은 난센스 퀴즈 답게 "진짜 참기름"이다. 가짜뉴스 혹은 진실하지 않은 뉴스를 만들 때도 가장 많이 들어가는 것은 '진실'이라 할 수 있다. 앞서 언급했듯이 순도 100퍼센트의 가짜뉴스는 오히려 쉽게 거짓임이 드러난다. 문제는 거짓과 진실이 섞인 뉴스들이다.

그러나 99개의 진실에 거짓은 단 한 개뿐인 뉴스라고 부작용이 적은 게 아니다. 100퍼센트 날조보다 의도했건 의도하지 않았건 90퍼센트의 진실과 결정적인 10퍼센트의 거짓이 섞인 뉴스가 때로는 결과적으로 더욱 치명적인 경우가 많다.

더구나 오직 '진실만이 담긴 정보'인데도 진정한 진실이 잘 드러나지 않는 경우도 많다. 거짓 아닌 사실들만을 전달하더라도, 전달자의 의도에 따라 여과된 사실들만을 전하면 사람들의 인식이 크게 달라진다. 여기서 정보 전달자는 언론, 정치인, 기업, 모두 될 수 있다. 이와 관련해 비즈니스 스토리텔링 전문가인 핵터 맥도널드Hector Macdonald가 자신의 책『만들어진 진실』에서 든 예를 보자.[21] 이 사례에서 나오는 '퀴노아'[22]는 남미에서 재배되는 작물의 이름이다.

> (1) 퀴노아는 단백질과 섬유질, 미네랄 함량이 높고 지방은 적은 고영양 식품이다.
>
> (2) 퀴노아를 사면 남아메리카의 가난한 농부들의 수입이 늘어난다.
>
> (3) 퀴노아를 사면 볼리비아나 페루 사람들이 (퀴노아 재배에 따라 재배 면적이 감소한) 전통 식품을 더 비싸게 사야 한다.
>
> (4) 퀴노아 재배가 안데스 지역 자연 환경에 심각한 악영향을 미치고 있다.

(1)~(4)의 내용은 모두 진실이다. 하지만 이 정보의 전달자가 (1)이나 (2)를 말할 때와 (3)이나 (4)를 말할 때, 퀴노아에 대한 사람들의 인식은 달라질 수밖에 없다. 이 책에서 다룬 내용이지만 맥도널드도 예로 든 또 하나의 사례를 보자,

> (1) 인터넷 덕분에 전 세계의 지식을 폭넓게 접할 수 있다.
>
> (2) 인터넷 때문에 잘못된 정보와 증오의 메시지가 훨씬 더 빨리 확산

　　　　　　　　　　　　　욕망의 덫, 오보와 가짜뉴스

이 또한 마찬가지다. (1)만 접한 사람과 (2)만 접한 사람이 같은 생각을 하게 될까? 이렇듯 진실은 여러 얼굴을 갖고 있고, 이를 언제 어떻게 누구에게 전하느냐에 따라 전달받은 사람의 인식과 선택, 행동은 달라질 수밖에 없다. 전달하는 사실들이 모두 진실일 때조차 진실의 '전체'를 전달하지는 않는다면 우리는 진실에 도달하기 어렵다.

불편한 진실을 생략한 정보, 어떤 진실이 다른 진실에 묻히는 정보, 아무 관련 없는 진실들을 관련이 있는 듯한 인상을 주는 정보 등 정보 전달자에게는 다양한 '정보 전달의 요리법'이 있다. 맥도널드가 든 실례 몇 가지를 더 소개해보겠다.

2002년 조지 부시 미국 대통령은 "이라크는 지속적으로 테러 단체에 자금을 지원하고 있다. (……) 이라크와 알카에다는 미국이라는 적을 공동으로 두고 있다"라고 말했다. 사실이 아닌 말은 없었지만, 부시 대통령의 언급에는 함정이 있었다. 서로 손을 잡은 바 없는 이라크와 알카에다가 함께 미국을 공격하려 한다는 인상을 주는 것이었기 때문이다. 아무 관련 없는 사실을 묶어 전달하는 방식으로 사람들을 오도한 것이다.

필요한 진실을 생략하는 방법도 흔히 쓴다. "100명의 연봉 중 평균값"을 말한다고 생각해보자. 이때 정보를 전하는 이는 100명의 연봉을 모두 더해 100으로 나눈 '산술평균'arithmetic mean을 말할 수도 있고, 제일 높은 연봉과 낮은 연봉 사이의 중간인 '중앙값median'을 말할 수도 있다.[23] 만약 산술평균이 5000만 원이고 중앙값이 7000만 원이라면, 연봉 6000만 원을 받는 사람은 평균 이상인가, 이하인가? 어떤 평균을 기준으로 전할지는 정보 전달자의 마음에 달려 있는 셈이다.

사실 정확한 사실들만이 담겼다고 해도, 인간이 이를 제대로 된 진실로 이해하는 데는 숙명적인 한계가 있다. 문제는 이런 한계가 아니라, 이런 한계를 또 다른 사람들이 자신의 잇속을 위해 의도적으로 활용한다는 점이다. 특히 언론, 정치인, 기업, 평범한 사람에 이르기까지 정보 전달자의 위치에 있으면 이런 유혹에서 쉽게 벗어나지 못한다.

그러나 다행히 뉴스 소비자의 입장에서는 진실에 좀 더 가까이 다가가는 길이 전혀 없는 것은 아니다. 그것은 감정이나 직관을 최소화하며 이성적으로 정보를 인식하려는 노력이다. 학문에 왕도가 없듯이 진실을 찾는 일에도 '이성적 노력' 말고는 다른 길이 없다. 한마디로 모든 정보를 '의심해야 한다'는 것이다.

자신의 확증 편향에 부합하는 뉴스와 정보에만 갇히는 현실을 경계해야 한다. 또 나의 사고방식이나 내가 속한 집단의 신념을 비판적으로 자주 돌아봐야 한다. 쉽지 않은 일임은 분명하다. 하지만 거짓 정보와 가짜뉴스에서 벗어나는 데 이 방법보다 더 나은 방법은 없다.

행동경제학의 거두로 노벨 경제학상을 수상한 경제학자 대니얼 카너먼Daniel Kahneman이 설파했듯이, 이성적인 노력만이 인간 인식의 한계를 극복하게 한다. 뉴스 공급자들이 진실을 왜곡하고 거짓을 전하는 이유도, 사람들이 많은 경우 이성적인 노력으로 진위를 판별하려 하지 않는 탓이다.

뉴스와 정보를 마주하기 전에 스스로에게 던져야 할 질문들

사람이 만든 모든 것이 인위적이듯 우리가 접하는 수많은 정보와 뉴스, 진실 또한 만들어진 것이라는 점을 잊지 말자. '사실'을 뜻하는 영어 'fact'는 라틴어 'factum'에서 유래한 말이다. 그리고 'factum'은 '만들어진 것a thing done or performed'이라는 의미를 갖고 있다.[24] 사실조차 만들어진 것이라면, 그에 기반하는 진실 또한 '만들어진 진실'에서 벗어날 수 없다.

그렇다면 우리에게 남은 선택지는 무엇일까? '만들어진 진실'의 숙명에서 벗어날 수 없다면, 우리가 할 수 있는 일은 오직 하나다. 사실들을 끊임없이 의심하고, 다시 만들며, 진실을 향한 여정에서 스스로를 방관자로 남겨두지 않는 것이다.

어떤 뉴스를 마주했을 때, 우리는 먼저 스스로에게 물어볼 수 있어야 한다. 내가 이 뉴스를 믿고 싶은 이유는 무엇인가. 그것은 사실이기 때문인가, 아니면 이미 내가 믿고 있던 생각을 확인해주기 때문인가. 이 뉴스가 사실이 아닐 가능성을 상상하는 일이 유난히 불편하게 느껴진다면, 그 불편함은 어디에서 비롯되는가. 정보의 신뢰도에 대한 의심 때문인가, 아니면 내 세계관이 흔들리는 데 대한 두려움 때문인가.

속보라는 이름으로 쏟아지는 첫 보도 앞에서 우리는 쉽게 판단하고 받아들이는 경향이 있다. 그러나 '처음'이라는 이유만으로 사실 확인의 책임이 가벼워질 수 있는지는 다시 생각해볼 문제다. 이 뉴스의 속도는 과연 누구에게 유리한가. 그리고 그 속도를 가장 반기는 사람은 누구인가.

만약 이 뉴스가 내가 비판해온 집단이 아니라 내가 지지해온 집단에 불리한 내용이었다면, 나는 어떤 태도를 취했을까. 내가 품은 의심이나 검증 요구는 나의 정치적 견해에 따라 다르지는 않은가?

이 뉴스는 나에게 새로운 사실을 알려주고 있는가, 아니면 이미 알고 있다고 믿고 싶었던 이야기를 반복해주고 있는가. 분노나 조롱, 확신 같은 감정이 먼저 앞선다면, 그 감정은 정보로부터 비롯된 것인가, 아니면 정보가 그 감정을 불러내기 위해 설계된 것은 아닌가.

그리고 마지막으로, 이 뉴스가 훗날 틀렸다는 사실이 드러난다면 그 피해는 누구에게 남게 될까. 정정 보도가 나간 뒤에도 이미 형성된 믿음은 그대로 남아 있지 않은가. 거짓이 사라진 자리에, 또 다른 확신만 남는 것은 아닌가.

진실을 빼닮은 거짓은 언제나 우리의 욕망을 발판 삼아 자란다. 그리고 그 욕망에 생명을 불어넣는 존재는 다름 아닌 우리 자신이다. 진실을 향한 여정에서 우리가 할 수 있는 가장 현실적인 저항은 완벽한 해법을 찾는 것이 아니라, 스스로에게 질문하기를 멈추지 않는 것이다.

거짓을 믿고 싶은 사회
가짜뉴스를 다루는 법

오늘날 가짜뉴스에 대한 분노는 마치 조건반사를 보는 것 같습니다. 달에 수많은 생명체가 있다는 터무니없는 거짓 보도들이 오보로 드러난 뒤에도 웃어넘기던 100년 전 사람들과는 많이 달라졌습니다. 정치적 갈등이 격화될수록, 사회적 비극이 발생할수록 우리는 빠르게 원인을 찾고, 그 책임을 '가짜뉴스'라는 이름 아래 묶어버립니다.

거짓 정보가 사회를 오염시키고 민주주의를 위협한다는 진단은 이제 너무 익숙해져, 그 자체로 더 이상 의심의 대상이 되지 않습니다. 그러나 정작 그 이상 중요한 질문들이 우리의 시야에서 사라지고 있습니다.

이 책은 가짜뉴스와 그 영향을 너무 단순하게 이해해온 우리의 방식에 문제를 제기합니다. 거짓 정보는 어떻게 힘을 얻을까. 사람들은 왜 어떤 거짓은 거부하면서도 다른 거짓은 기꺼이 받아들이는가. 그리고 그 과정에서 제도와 권력, 언론과 플랫폼은 무엇을 해야 할까. 이 에필로그는 이 질문들을 다시 정리하며, 가짜뉴스를 없애겠다는 열망이 오히려 또 다른 착각과 부작용으로 이어지지 않도록 하려면 무엇을 경계해야 하는지를 되짚어보려 합니다.

 거짓도 환영하는 인간의 욕망

우리의 현실에는 평범한 사람들조차 무심히 넘기기 어려운 가짜뉴스들이 넘쳐납니다. 그리고 그 가짜뉴스들은 대개 경중 완급이 가려지지 않은 채 심각한 폐해를 강조하는 논의에 동원됩니다.

이를테면 한국의 한 언론학자는 "2016년 영국의 유럽연합 탈퇴를 둘러싼 브렉시트 국민투표는 가짜뉴스 때문에 실제의 민의가 뒤집어졌고, 2017년 루마니아에서는 백신이 자폐증을 유발한다는 거짓 정보로 31명의 사망자가 발생했으며, 미얀마에서는 페이스북을 통해 유포된 가짜뉴스가 로힝야족 대학살의 도화선이 되었다"고 주장했습니다.[1] 사실, 가짜뉴스의 폐해를 얘기하는 다른 많은 학자와 전문가들의 인식이나 그들의 근거도 이와 비슷합니다.

이런 인식과 주장이 거짓 정보의 위험성을 일깨우는 데는 이론의 여지가 없습니다. 하지만 가짜뉴스들이 실질적으로 얼마나 피해를 주고 있는지에 대해선 면밀히 따져봐야 합니다. 거짓 정보의 양태, 내용,

     욕망의 덫, 오보와 가짜뉴스

전파 속도, 바로잡히는 기간 등에 따라 그 피해는 천차만별일 수 있습니다.

무엇보다 객관적 데이터를 통한 검증이 필요합니다. 그러나 현실은 일반인이나 전문가나 객관적 검증을 도외시한 채 감성적·직관적 평가로 단정하는 경우가 흔합니다. '사람들이 가짜뉴스에 속아 판단과 행동을 바꿀 것'이라는 생각이 전문가와 일반인 모두를 쉽게 사로잡는 탓입니다.

사실, 가짜뉴스가 실제로 역사를 바꾸었다고 속단하기는 어렵습니다. 브렉시트 국민투표 결과나 도널드 트럼프의 미국 대통령 당선이 가짜뉴스 때문이라고 단언할 수 있을까요? 브렉시트에 찬성한 과반수의 영국인들이나 트럼프를 지지한 과반에 가까운 미국인들이 자신들이 가짜뉴스에 속아 그릇된 선택을 했다는 해석에 동의할까요?

가짜뉴스 때문에 국민투표나 대통령 선거의 결과가 달라졌다는 식의 주장은, 적어도 지금까지는 객관적으로 입증된 사실이 아닙니다. 트럼프가 당선된 2016년 미국의 대선은 가짜뉴스라는 단어를 이 시대의 언어로 등극시켰지만, 세계적 학자들은 정작 당시의 가짜뉴스들이 트럼프의 당락에 영향을 끼치지 못했다는 연구 결과들을 내놓고 있습니다. 따라서 가짜뉴스의 폐해를 강조하는 주장들 가운데 상당수는 또 다른 가짜뉴스일 수 있습니다.

가짜뉴스만으로 사회에 심대한 피해가 발생하기 어렵습니다. 가짜뉴스의 반대편에는 언제나 거짓을 들춰내는 진실이 등장하기 마련입니다. 세상에는 언제나 빛과 어둠이 있듯이 거짓과 진실 또한 그렇게 함께 존재합니다. 이 때문에 거짓이 심대한 사회적 피해를 주려면, 상당 기간 그 진실의 부상을 억누르는 사회적·정치적 힘이 합세해야 합니다.

역사를 돌아보면, 가짜뉴스 때문에 벌어졌다는 인류사의 참극들도 가짜뉴스 그 자체만으로 설명할 수는 없습니다. 나치의 유대인 학살, 관동대지진 당시의 조선인 학살, 네로 황제 시절 로마 대화재를 빌미로 한 기독교도 학살 모두 가짜뉴스가 촉발한 일임은 맞습니다.

그러나 가짜뉴스라는 '불티'가 산 전체를 태우는 '큰불'이 된 데는 가짜뉴스를 믿고 싶었던 수많은 사람들과 가짜뉴스에 사회의 폭력적 에너지를 결합시킨 정치·사회 세력이 존재했기 때문입니다. 이 책에서 이미 살펴본 전통 언론의 여러 오보들 또한 전통 언론에 대한 사람들의 신뢰와 이를 활용한 권력의 존재가 바탕이었습니다.

따라서 가짜뉴스의 폐해를 논할 때, 이를 악용하는 환경과 이를 기꺼이 수용할 준비가 된 뉴스 소비자를 함께 고려해야 합니다. 그러지 않고 가짜뉴스 그 자체에만 초점을 둔 법과 제도로는 최소한의 성과도 거두지 못하고 실패로 귀결될 공산이 큽니다.

가짜뉴스의 폐해는 분명 존재합니다. 온라인 담론을 넘어 실제 차별과 적대, 공포라는 관찰 가능한 사회적 피해로 이어지는 것도 사실입니다. 특정 사안에 대한 반복적인 가짜뉴스는 해당 사안에 대해 추상적·지속적 오해를 만들고 심화합니다. 또한 이는 민주주의적 의사결정 과정에 악영향을 끼칩니다.

하지만 이런 가짜뉴스의 폐해가 오로지 가짜뉴스만에 의해 생겨

  욕망의 덫, 오보와 가짜뉴스

난다는 관점에서는 벗어나야 합니다. 가짜뉴스를 소비하고 신뢰하는 이들의 다수는 이미 그 이전부터 가짜뉴스라도 신뢰할 의지가 충만한 사람들이라는 점을 잊어서는 안 됩니다. 수요가 있는 곳에는 반드시 공급이 따른다는 경제학의 철칙이 가짜뉴스의 공급과 소비에도 예외가 아닙니다.

 직관과 감정보다 객관적인 검증을

특정 분야나 사안에 지속적으로 등장하는 가짜뉴스들은 허위 정보의 참이나 거짓 문제가 아니라, 그런 현상이 왜 나왔는지 총체적 해석과 책임 서사가 결부되어 있습니다. 사람들의 인식은 단지 주어진 정보에 의해 형성되는 게 아니라, 그들의 일상과 경험, 욕구에 의해 크게 좌우되기 때문입니다. 이 때문에 이미 가짜뉴스를 신뢰할 준비가 된 사람들에게는, 가짜뉴스의 수많은 논리적 허점과 왜곡된 팩트가 눈에 잘 들어오지 않습니다.

구체적인 사회적 배경을 지닌 가짜뉴스는 틀어막는다고 막을 수 있는 게 아니라는 말입니다. 근본 원인은 가짜뉴스를 접하기도 전에 가짜뉴스를 환영할 준비가 갖춰진 사람들이고, 그 원인이 사라지지 않는 한 가짜뉴스의 출현을 막을 방법은 없다는 얘기입니다.

그런데 가짜뉴스를 적극적으로 소비하는 사람들만 이성적인 판단을 유보하는 게 아닙니다. 그것은 가짜뉴스의 폐해를 강조하는 이들도 이성보다 감정과 직관이 앞섭니다. 예컨대, 가짜뉴스의 실질적 영향이 크지 않았다는 객관적 연구 결과들이 나와도, 많은 이들이 '가짜뉴스가 없었다면 결과는 달라졌을 것'이라는 판단을 바꾸지 않는다는 것입니다. 사람들이 자신의 욕망에 근거해 어떤 정보나 판단에 믿음을 주기 시작하면, 이를 교정하는 것은 쉽지 않습니다. 이는 가짜뉴스를 믿는 데도, 가짜뉴스의 폐해를 판단하는 데도 마찬가지입니다.

그럴수록 우리는 가짜뉴스의 폐해를 판단하려면 충분한 객관적 데이터가 필요합니다. 주관적 느낌이나 판단만으로 가짜뉴스를 규제한다면, 실질적 효과는 불확실하고 진실이 전해지는 통로를 좁히는 부작용을 낳을 수 있습니다.

무엇보다 표현의 자유를 규제하는 모든 법과 정책에는 반드시 그 정당성을 확인할 수 있는 객관적 데이터가 뒷받침되어야 합니다. 그리고 그 데이터를 통해 가짜뉴스의 실질적 피해 수준을 우리는 확인할 수 있습니다. 그런데 요즘 한국 사회의 문제는 가짜뉴스의 실질적 피해에 대한 객관적 검증과 이해는 소홀히 한 채, 사회 분위기나 정치인들의 주관적 판단만으로 규제책이 추진되는 일이 잦다는 것입니다.

미국도 한국 못지않게 가짜뉴스 논쟁이 거셉니다. 하지만 미국만 해도 가짜뉴스의 실질적 폐해를 측정하는 대규모 연구가 반복되고 있습니다. 그러나 이런 일은 한국에서는 여전히 딴 세상의 얘기입니다.

그러다 보니 가짜뉴스의 실질적 피해를 객관적으로 검증하는 일은 뒷전으로 밀려나 있고, 뉴스의 정치적 이해관계에 민감한 정치인들이 어제나 오늘이나 가짜뉴스 규제에 앞장서고 있습니다. 시기 별로

　　　　　　　　　　　　　　욕망의 덫, 오보와 가짜뉴스

차이가 있다면, 언제나 집권여당은 규제를 강조하고, 야당은 규제보다 언론의 자유를 강조한다는 것입니다. 이런 현상에는 좌파나 우파 정당 사이에도 다를 바가 없습니다.

학자들은 가짜뉴스가 만들어지고 유포되는 데는 "최소한의 사실 여부도 확인하지 않는 편향된 믿음이 그 중심에 자리한다"고 말합니다. 틀리지 않습니다. 그런데 사람들의 머릿속에 있는 이런 '믿음'을 법으로 의율하거나 개조할 수는 없습니다. 법으로 가짜뉴스의 생산자는 처벌하고 규제한다 해도, 가짜뉴스를 소비하고 유포하는 뉴스 소비자들의 '마음'을 규제할 수는 없습니다.

거짓을 생산하는 사람들을 규제하는 데도 한계와 부작용이 명백히 존재합니다. 정보와 뉴스 시장의 건강성을 개선하는 일은 먹거리 시장에서 불량 식품을 규제하는 것과는 결이 다릅니다. 불량 식품과 정상 식품은 명백하게 구별할 수 있습니다. 재료나 성분에서 명확히 유해한 요소를 찾아낼 수 있고, 불량 식품을 만드는 의도 여부도 어렵지 않게 확인할 수 있습니다.

그러나 이 책에서 다각적으로 짚었듯이 정상적인 뉴스와 정보에도 거짓 혹은 부정확한 사실과 맥락이 들어 있는 경우가 많습니다. 또 거짓과 부정확함이 의도적이었는지를 가려내는 것도 쉽지 않습니다. 가짜뉴스 규제를 통해 언론의 주의 의무를 강제할 수는 있겠지만, 그만큼 언론이 스스로를 검열의 부작용도 키울 수 있습니다.

가짜뉴스는 새로운 현상이 아닙니다. 디지털 시대 이후 폭발한 정보 공급량만큼이나 가짜뉴스도 비례해 증가했을 뿐입니다. 가짜뉴스의 이런 시대적 특징을 감안한다면, 처방이나 해법도 이런 구조적 특징에 주목해야 최소한의 실효성을 획득할 수 있습니다.

하지만 가짜뉴스에 대한 우려를 쏟아내며 가짜뉴스 규제를 추진하는 많은 정치인들에게는 이런 시대적 특징과 구조적 원인에 관한 안목을 발견하기가 쉽지 않습니다. 특히 수많은 언론인들에게서는 전통 언론이 탈진실 시대의 도래에 직간접적 원인을 제공했다는 반성을 접하기 어렵습니다. 이들은 소셜 미디어 등 디지털 미디어와 커뮤니케이션의 폐해만을 주장할 뿐, 전통 언론의 오보와 부정확한 정보, 정파적 편향이 디지털 미디어가 부상한 또 다른 조력자임을 깨닫지 않으려 합니다.

지금 우리의 가장 첫 번째 과제는 가짜뉴스의 실질적 폐해에 대한 객관적 검증입니다. 가짜뉴스의 폐해를 줄이되, 그 과정에서의 부작용을 최소화하는 일은 바로 거기에서 시작되기 때문입니다. 가짜뉴스의 폐해를 객관적으로 살펴보려는 정부, 시민사회 단체, 언론 등 모두의 적극적인 관심이 절실합니다.

가짜뉴스를 다루는 원칙, 나라마다 다른 가짜뉴스 규제

규제가 필요할 만큼의 실질적 폐해가 객관적으로 확인됐다고 해도 따져봐야 할 중요한 쟁점들이 남아 있습니다.

먼저 부작용을 무릅쓰고 직접적 규제를 통해서 해결해야 할 사안

　욕망의 덫, 오보와 가짜뉴스

인지 잘 따져야 합니다. 만약 규제가 불가피하다는 판단에 이르렀다면, 그때부터는 규제의 방식이나 기준을 정할 때, 부작용을 최소화하기 위한 고려를 최우선에 둬야 합니다. 무엇보다 언론 혹은 표현의 자유를 규제할 때의 원칙은, 사회적 약자는 철저히 보호하되, 권력과 금력을 가진 힘 있는 이들에게는 규제가 그들을 위한 수단이 될 수 없도록 해야 한다는 것입니다.

이 원칙을 적용하는 기준은 언론과 표현의 자유에 대한 규제의 순기능과 역기능에 대한 판단입니다. 이 판단은 사회마다 차이가 있습니다. 앞서 언급한 바와 같이, 가짜뉴스의 폐해는 단순히 거짓 정보의 존재만으로 설명할 수 없습니다. 거짓을 환영할 준비가 된 사람들, 그리고 그 거짓을 사회적 힘으로 증폭시키는 제도와 권력이 결합할 때 비로소 가짜뉴스는 실질적인 피해를 낳습니다. 따라서 각국이 가짜뉴스를 규제하는 방식이 서로 다를 수밖에 없는 이유 또한 나라마다 다른 사회적·정치적 조건의 차이에 기인합니다.

지구촌 국가들의 가짜뉴스 규제 정책에는 공통된 해법이나 단일한 규제 모델이 존재하지 않습니다. 유럽연합, 미국, 영국, 싱가포르, 한국 등은 모두 가짜뉴스 문제를 심각하게 인식하고 있습니다. 하지만 규제의 대상과 방식, 규제에 부여하는 정당성의 논리가 현저히 다릅니다.

유럽연합의 접근법은 가짜뉴스라는 '콘텐츠 그 자체'보다, 그것이 어떻게 확산되는가에 초점을 맞춥니다. 어쩌면 이 책에서 제시하는 논지에 가장 가까운 시각입니다. 유럽연합이 채택한 디지털서비스법 DSA은 특정한 발언이나 정보의 진위를 국가가 직접 판단하려 들지 않습니다.

대신에 대규모 플랫폼 사업자들에게 알고리즘 추천, 광고 시스템, 댓글이나 정보 검색에서 반복 작업을 자동 수행하는 프로그램인 봇bot 과 가짜 계정 운영 등 정보 유통 구조 전반에서 발생하는 '체계적 위험'을 관리할 책임을 부과합니다. 이는 가짜뉴스의 피해가 개별 콘텐츠의 허위성보다는, 이를 증폭시키는 기술적·경제적 구조에서 비롯된다는 인식에 기반한 접근입니다. 가짜뉴스가 확산되는 속도를 규제하는 데 초점이 맞춰진 것이라고도 이해할 수 있습니다.

유럽연합 안의 스웨덴은 여기에 더해 강력한 미디어 리터러시 교육과 일종의 '정보 기상청' 같은 역할을 하는 정부기관인 '심리적 방어청MPF, Myndigheten för psykologiskt försvar'을 2022년 설립했습니다. 이 기관은 거짓 정보의 실체를 추적해 알리고 시민의 비판적 사고를 돕습니다. 보이지 않는 정보 전쟁터에서 시민의 자율성을 지키면서 왜곡된 선동을 조기에 탐지해서 알리는 이 기관은, 규제보다 중요한 것이 사회적 회복 탄력성이라는 인식을 보여줍니다.

미국은 가짜뉴스 규제에서 가장 소극적인 국가 중 하나입니다. 이는 가짜뉴스의 위험성을 과소평가하기 때문이 아니라, 표현의 자유에 대한 헌법적 해석이 매우 강력하기 때문입니다. 미국에서는 거짓말 그 자체가 원칙적으로 금지의 대상이 되기 어렵습니다. 따라서 가짜뉴스 규제는 사기, 명예훼손, 소비자 기만, 선거 방해, 딥페이크와 같은 구체적이고 입증 가능한 피해 유형으로 쪼개져 다뤄집니다. 이처럼 미국식 접근은 "가짜뉴스가 문제인가"보다는 "실질적 피해가 발생했는가"라

　　　　　　　　　　욕망의 덫, 오보와 가짜뉴스

는 질문을 먼저 던집니다. 한국 사회가 놓치고 있는 대목입니다.

영국과 캐나다는 유럽연합과 미국의 중간 지점에 위치합니다. 이들 국가는 플랫폼의 책임을 강화하되, 가짜뉴스 일반을 포괄적으로 규제하기보다는 아동 보호, 범죄 조장, 증오 표현과 같이 사회적 합의가 비교적 명확한 영역을 중심으로 규제를 설계하고 있습니다. 특히 최근에는 인공지능 기술을 활용한 성 착취물이나 조작 영상과 같이, 가짜뉴스 논쟁을 넘어선 명백한 불법·유해 콘텐츠가 규제의 핵심 대상으로 떠오르고 있습니다.

싱가포르는 또 다른 극단을 보여줍니다. 싱가포르의 가짜뉴스 규제는 정부가 사실 판단과 정정 명령을 직접 수행하는 강력한 행정 중심 모델입니다. 이는 사회 질서와 정치적 안정이 표현의 자유보다 우선한다는 국가적 합의와 국가에 대한 신뢰를 전제로 한 제도적 선택이라 할 수 있습니다. 하지만 이런 모델은 국가 권력이 '진실'을 정의하는 주체가 된다는 점에서, 다른 민주 국가들은 쉽게 채택하기 어려운 방식입니다. 과연 한국도 싱가포르 모델을 적용할 수 있는 나라여야 할까요?

지금까지 전개되어온 한국의 상황은 이들 국가와 또 다른 특징을 보이고 있습니다. 한국에서는 가짜뉴스의 실질적 피해에 대한 체계적·장기적 검증이 충분히 이루어지지 않은 상태가 지속되고 있습니다. 또 정치적 갈등 국면마다 가짜뉴스 규제 논의가 급격히 부상하는 경향이 반복되어 왔습니다. 특히 최근에는 허위·조작 정보에 대한 징벌적 손해배상 등 강력한 민사적 책임을 도입하는 입법이 이뤄졌습니다. 가짜뉴스의 생산자에 대한 처벌을 통해 문제를 해결할 수 있다는 직관적 기대에 크게 의존한 접근입니다.

이런 한국적 상황은 우려할 만한 일입니다. 가짜뉴스의 피해가 가짜뉴스 생산자 개인의 행위에서만 비롯된다는 가정은, 경험적으로도 이론적으로도 설득력이 약하기 때문입니다. 가짜뉴스를 기꺼이 소비하고 유통하는 사람들의 존재, 그리고 그러한 심리와 욕망을 활용하는 정치적·경제적 구조를 외면한 채, 생산자 처벌에만 의존하는 규제는 실효성보다 부작용을 키울 가능성이 큽니다. 특히 권력과 자원을 가진 행위자들이 이런 규제를 자신들에게 불리한 표현을 억제하는 수단으로 활용할 위험 또한 무시할 수 없습니다.

결국 가짜뉴스 규제의 국가별 차이는 단순한 법기술적 선택의 문제가 아닙니다. 그것은 각 사회가 거짓을 얼마나 위험하게 보는가(거짓 정보의 실질적 피해는 어떠한가), 시민의 판단 능력을 얼마나 신뢰하는가, 국가가 진실을 규정할 권한을 어디까지 가져야 한다고 생각하는가, 표현의 자유가 민주주의에서 어떤 위치를 차지하는가에 대한 한 사회 구성원들의 집단적 판단의 결과입니다.

그런 점에서 가짜뉴스 규제는 '정답이 있는 문제'가 아니라고도 할 수 있습니다. 그래서 우리에게 중요한 것은 정답을 맞히려 들기보다 먼저 질문을 바로 세우는 일입니다. 잘못된 질문은 반드시 잘못된 결과를 낳기 때문입니다. 규제로 달려 나가기에 앞서, 필요한 질문들을 먼저 깊이 생각해야 합니다.

　욕망의 덫, 오보와 가짜뉴스

〈표〉 국가별 가짜뉴스 규제 모델

국가/지역	규제 철학/원칙	규제 대상 및 방식	주요 특징
유럽연합(EU)	유통 구조 중심 (체계적 위험 관리)	대규모 플랫폼의 알고리즘, 광고 시스템, 가짜 계정 운영 등 유통 구조 관리	콘텐츠 자체의 진위 판단보다는 확산 속도와 기술적 구조 규제에 초점
미국	표현의 자유 최우선 (실질적 피해 입증)	사기, 명예훼손, 선거 방해 등 구체적이고 입증 가능한 피해 유형별 규제	"거짓말은 원칙적으로 금지 대상이 아니다"라는 강력한 헌법적 해석 바탕
영국·캐나다	사회적 합의 영역 집중 (미국과 EU의 중간)	아동 보호, 범죄 조장, 증오 표현, AI 활용 성착취물 등 명백한 불법 콘텐츠	플랫폼 책임을 강화하되, 보편적 가치와 합의가 명확한 영역에 규제 집중
싱가포르	사회 질서 및 안정 우선(강력한 행정 중심)	정부가 직접 사실 여부를 판단하고 플랫폼에 정정 명령 및 삭제 권한 행사	국가 권력이 '진실'을 규정하는 주체가 되는 모델(민주국가에서 채택하기 어려운 방식)
한국	생산자 처벌 중심 (민사적 책임 강화)	허위·조작 정보에 대한 징벌적 손해배상 및 강력한 민사적 책임 도입	실질적 피해 검증보다 정치적 갈등 시기마다 부상하는 직관적·감성적 규제 모델

 성급한 졸속 법제화 대신 사회적 숙의를

바로 이런 질문들에 대한 우리 사회의 답안을 제시하기 위해 가장 필요한 것은 사회적 숙의 과정입니다. 사회적 숙의는 가짜뉴스 규제, 다시 말해 언론과 표현의 자유에 대한 규제를 논의할 때 기본 중의 기본입니다.

그러나 한국 사회에서는 이런 사회적 숙의 과정이 반복적으로 생략되어 왔습니다. 종합편성 채널의 도입이나 언론 매체의 민영화처럼 한 번 시행하면 되돌리기 어려운 언론 정책들이 충분한 공론화 과정 없이 졸속으로 추진됐습니다. 언론과 표현의 자유를 제약하는 입법 역시 사회적 숙의라는 과정이 등한시되고 있습니다.

그 가장 대표적인 이유는 전문성과 소양, 언론에 관한 철학이 부족한 이른바 폴리저널리스트 정치인들이 입법을 주도하는 탓입니다. 언론인 출신으로 특정 정치 진영에 가담해 정치인이 된 전직 언론인이나 언론 유관 단체 인사들 가운데 적지 않은 이들의 최우선 관심사는 언론의 소명이 아니라, 신념화된 정치적 판단입니다. 정치적 확신이 강할수록, 사회적 숙의 과정은 거추장스럽고 비효율적인 것으로 인식되기 쉽습니다.

졸속 입법의 이면에는 언론의 이상과 현실에 대한 깊은 성찰보다 당장의 진영 논리에 따른 정치적 판단이 자리 잡고 있습니다. 특히 언론 현장의 경험을 정치적 자산으로 삼은 이들이 입법의 전면에 나서더라도, '언론의 소명'은 '정치적 확신'에 밀려나고, 사회적 숙의는 민주적 절차가 아니라 일을 더디게 만드는 번거로운 과정으로 여겨집니다.

존 밀턴John Milton, 1608~1674은 언론 자유 사상의 선구자입니다. "진실과 거짓을 다투게 하라"고 주장한 그였지만, 청교도 혁명1642~1651으로 집권한 올리버 크롬웰Oliver Cromwell, 1599~1658 정부에 참여해서는 정

 욕망의 덫, 오보와 가짜뉴스

치적 반대 세력의 출판물을 사전에 심사하고 허가하는 역할을 맡았습니다. 이 사례는 밀턴 같은 인물조차 정치적 확신에 빠지는 순간, 검열자로 변신할 수 있음을 보여줍니다. 이는 개인의 위선이나 변절의 문제가 아니라, '누가 진실을 감당할 수 있는가'를 판단하려는 정치적 확신이 사회적 숙의보다 앞설 때 언제나 나타나는 구조적 문제입니다.

한국에서 이런 정치인들의 태도가 힘을 얻는 배경에는 가짜뉴스의 피해에 대한 한국인들의 주관적 확신이 다른 나라에 비해 유독 강하다는 점도 자리하고 있습니다. 실제로 한국의 언론 자유도는 세계 상위권에 속하지만, 자유도가 높아질수록 신뢰도가 떨어지는 역설적 모습이 나타나고 있습니다. 이는 세계적으로도 몇 나라에 국한된 예외적 현상입니다.

자유를 줬더니 믿을 수 없는 보도를 양산한다는 인식이 확산된 사회에서, 언론 자유를 더 철저히 보장해야 한다는 주장은 힘을 얻기 어렵습니다. 바로 이런 사회 분위기는 가짜뉴스를 법과 제도로 다루려는 정치인들의 에너지원이 됩니다. 그 결과 언론계와 시민사회의 의견은 소홀히 취급되고, 역기능과 허점을 내포한 많은 규제 입법들이 반복적으로 등장하고 있습니다.

최근만 해도 2025년 12월 '가짜뉴스'와 '허위·조작 정보'를 규제한다는 명분 아래, 온라인 정보 유통과 책임을 대폭 강화한 '정보통신망 이용촉진 및 정보보호 등에 관한 법'이 국회를 통과했습니다. 문제는 무엇을 '허위·조작 정보'로 볼 것인지에 대한 판단 시점, 사실과 의견의 구분, 고의적 조작의 범위, 피해의 객관적 기준이 명확히 제시되지 않았다는 점입니다.

이런 불완전한 법률이 피해 주장과 결합된다면, 막대한 법적 책임을 물을 수 있는 상황이 구조화됩니다. 사실 여부가 아직 검증 중인 비판적 문제 제기조차, 시간이 지난 뒤 '허위 정보'로 재분류돼 처벌의 대상이 될 수 있다는 위험을 안게 됩니다.

또 다른 문제는, 이 법이 권력자나 대기업 등 힘 있는 이들에게도 허위 정보에 따른 피해 구제를 제기할 수 있도록 허용하고 있다는 점입니다. 이들이 자신들에게 불리한 보도나 비판적 정보를 '허위·조작 정보'라고 주장할 경우, 언론사나 개인 표현자는 장기간의 소송과 과도한 입증 부담에 직면하게 됩니다. 설령 최종적으로 허위가 아니라는 판단을 받더라도, 그 과정 자체가 표현을 위축시키는 효과를 낳습니다.

미국과 유럽의 규제 방향과 비교하면, 한국의 이런 입법은 시민사회가 우려하는 지점을 보다 분명하게 드러냅니다. 미국은 거짓 그 자체보다 입증 가능한 피해에 초점을 맞춥니다. 유럽연합은 개별 콘텐츠의 진위 판단을 국가가 맡지 않은 채, 정보 확산의 구조를 조정하는 데 집중합니다. 이와 달리 한국의 법은 '무엇이 허위인가'라는 판단이 먼저 작동할 수 있는 여지를 남기고 있습니다.

이처럼 '허위' 여부가 가려지기도 전에 법적 책임의 위험이 먼저 발생하는 구조는 표현자를 위축시키는 강력한 기제가 됩니다. 거대 자본과 권력은 장기적인 법적 분쟁을 견딜 수 있지만, 개인이나 소규모 언론은 진실이 확정되기도 전에 소송의 무게에 눌려 침묵을 선택하기 쉽습니다. 결국 가짜뉴스를 잡겠다는 그물이 진실을 향한 의혹 제기라

　　　　　　　　욕망의 덫, 오보와 가짜뉴스

는 통로를 먼저 틀어막을 수 있는 셈입니다.

그래서 시민사회 단체들은 이 법이 가짜뉴스의 실질적 피해를 줄이기보다는, 오히려 권력과 금력을 가진 자들이 법을 방패로 삼아 불편한 표현을 억제할 가능성을 열어 두고 있다고 우려합니다. 가짜뉴스를 막겠다는 법이, 역설적으로 공익적 의혹 제기와 비판의 언어를 먼저 침묵시키는 결과로 이어질 수 있다는 것입니다.

국제 사회도 우려하고 있습니다. 국제언론인협회IPI는 표현의 자유를 과도하게 위축시킬 수 있는 법 시행 중단과 전면적 재검토를 공개 촉구했습니다. 『워싱턴 포스트』는 정부가 어떤 정보를 '허위 정보'로 규정하고 법적 책임을 묻는 방식이 민주 사회에서는 위험한 선례가 될 수 있다고 사설로 경고했습니다. 유네스코UNESCO 역시 해당 법이 언론과 표현의 자유를 희생시키지 않도록, 국제 인권 기준에 부합하는 방향으로 조정되어야 한다는 입장을 밝혔습니다. 이런 국제적 반응은 이 법이 보편적인 언론 자유의 원칙과 직결된 사안임을 보여주는 것입니다.

이런 시민사회와 언론 단체의 비판에도 불구하고 입법이 이뤄진 데는, 입법을 한 여당의 정치인들이 "가짜뉴스의 피해는 이미 충분히 크다"고 확신하기 때문입니다. 이에 대해 시민사회 단체들은 "피해를 과장한 채 위험한 수단을 선택하고 있다"고 비판했습니다. 평행선을 달리는 상반되는 인식의 근본 원인은 가짜뉴스의 실질적 피해에 대한 객관적 검증과 사회적 숙의가 결여된 것에서 찾을 수 있습니다. 또 객관적 검증과 사회적 숙의 없이 입법에 나선 정치인들은 터를 닦지 않은 채 집을 짓는 우를 범하고 있는 셈입니다.

우리는 가짜뉴스를 어떻게 없앨 것인가라는 질문보다, 먼저 가짜뉴스를 반기는 인간의 욕망과 가짜뉴스가 힘을 얻는 사회적 조건을 생각해야 합니다. 아울러 가짜뉴스가 만들어지고 증폭되는 미디어·커뮤니케이션의 구조 또한 직시해야 합니다. 인류에게 가짜뉴스의 생산과 소비라는 본질은 크게 달라지지 않았지만, 그것이 유통되는 플랫폼과 기술, 속도와 범위는 끊임없이 변화해왔기 때문입니다.

표현의 자유를 제한하는 모든 시도는 반드시 그 필요성과 기대 효과를 객관적인 데이터로 따져봐야 합니다. 그렇지 않다면 가짜뉴스를 막기 위해 도입된 법과 제도는 '문제를 해결하고 있다는 일시적 착각'만을 만들어내기 십상입니다. 검증 없는 확신은 언제나 권력에 유리하게 작동했고, 역사적으로 보더라도 그 결과는 또 다른 형태의 정보 왜곡으로 민주주의를 위협해왔습니다.

문제의 소지를 최소화하고 효과를 최대화하기 위한, 충분한 사회적 숙의 과정은 선택이 아니라 필수입니다. 언론의 자유와 관련된 모든 정책은, 사소해 보이는 사안이라 하더라도 한 나라의 헌법을 바꾸는 것에 준하는 사회적 합의와 깊이 있는 논의를 요구합니다. 결국 규제의 성패는 무엇을 얼마나 많이 막았는가가 아니라, 무엇을 끝까지 지켜냈는가에서 판가름 날 것입니다.

우리가 지켜야 할 것은 '진실' 그 자체가 아니라, 진실에 이르는 방식입니다. 사실조차 '만들어진 것'일 수 있습니다. 우리가 말하는 진실 역시 완성된 답이라기보다 끊임없이 오답을 수정하며 다시 쓰는 것

 욕망의 덫, 오보와 가짜뉴스

입니다. 그렇기에 거짓에 대한 우리의 태도는 폐해에 대한 확신이나 성급한 규제가 아니라, 의심하고 검증하며 반론을 허용하고 다시 세우는 절차에 대한 인내입니다.

　말문을 닫게 만드는 규제는 거짓을 줄이지 못한 채, 진실로 향하는 통로부터 좁힙니다. 민주주의의 성적표는 무엇을 차단했는지가 아니라, 무엇을 끝내 보호했는지에 달려 있습니다. 탁류가 두려울수록 우리는 더 많은 맑은 물을 남겨두어야 합니다. 거짓을 실어 나르는 물길을 막겠다는 명분 아래, 세상을 정화하고 공존을 가능하게 하는 맑은 흐름까지 함께 가로막는 일이 있어서는 안 될 것입니다.

주

프롤로그 거짓 정보에 실망하고 탓하기 전에……

1   신플라톤주의(Neoplatonism)는 플라톤 철학을 중심으로 아리스토텔레스, 스토아학파 등 고대 여러 사상의 요소를 종합하여 형성된 철학 체계이다. 이 사상은 세상의 모든 존재가 감각을 넘어선 궁극적인 원천인 '하나(the One)'로부터 흘러나왔다고 보고 진실과 선, 아름다움 같은 본질적인 가치들은 시간이 흐르며 조금씩 드러난다고 여긴다.

1부 위험한 '합작', 오보

1장 진실을 삼키는 블랙홀, 인간의 욕망

1   Riccardo Ehrman · Marco Cesario, Reset Dialogues(ResetDOC), 「It was my question that brought the Wall down」, November 23, 2009. https://www.resetdoc.org/story/it-was-my-question-that-brought-the-wall-down/

2   Ewald Koenig, 「The journalist question that fractured the Berlin Wall」, EURACTIV, November 10, 2009. https://www.euractiv.com/section/central-europe/news/the-journalist-question-that-fractured-the-wall/

3   미국은 1945년 2월 얄타 회담에서는 30~40년의 신탁통치를, 모스크바 회의에서는 5년을 기본으로 하고 협의 하에 5년을 더 연장할 수 있도록 하자고 제

안했다.

4 당시 미군정이 한국인들을 대상으로 '찬성'하는 체제를 물은 여론조사에서는 자본주의(1189명, 14퍼센트), 사회주의(6037명, 70퍼센트), 공산주의(574명, 7퍼센트), 모릅니다(653명, 8퍼센트)의 결과가 나왔다. 「政治自由를 要求 階級獨裁는 絶對 반대, 군정청 여론조사」, 『동아일보』. 1946년 8월 13일.

5 김동민, 「동아일보의 신탁통치 왜곡보도 연구」, 『한국언론정보학보』 통권 52호, 2010, 135~153쪽.

2장　위정자의 기만술에 속수무책인 언론

1 미야자키 마사카츠, 장하나 옮김, 『세계사를 뒤바꾼 가짜뉴스: 거짓으로 대중을 현혹시킨 36가지 이야기』, 매일경제신문사, 2021.

2 『Time』(THE U.S. STAND IN ASIA), August 14, 1964(http://content.time.com/time/magazine/0,9263,7601640814,00.html). 같은 날 『라이프(Life)』도 거의 같은 보도를 했다.

3 'Vietnam War', Britannica, 2022년 3월 13일 확인.
https://www.britannica.com/event/Vietnam-War
미국의 요청으로 참전한 한국군 전사자도 4000여 명이었다.

4 Emile de Antonio, 『In the Year of Pig』, Emile de Antonio Productions, 1968.

5 Jim Stockdale·Sybil Stockdale, 『In Love and War: The Story of a Family's Ordeal and Sacrifice During the Vietnam Years』(1st ed.), Harpercollins, 1984.

6 Robert Scheer, 「VIETNAM: A Decade Later: Cables, Accounts Declassified: Tonkin-Dubious Premise for a War」, 『Los Angeles Times』, April 29, 1985. https://www.latimes.com/archives/la-xpm-1985-04-29-mn-12824-story.html

7 Edwin E. Moise, 『Tonkin Gulf and the Escalation of the Vietnam War』, University of North Carolina Press, 1996.

8 Scott Shane, 「Vietnam Study, Casting Doubts, Remains Secret」, 『The New York Times』, October 31, 2005. https://www.nytimes.com/2005/10/31/politics/vietnam-study-castingdoubts-remains-

secret.html

9   「Iraq Arming Troops With Chemical Weapons」, Fox News, March 17,
2003.
https://www.foxnews.com/story/iraq-arming-troops-with-chemical-
weapons

10 미국 중부사령부(United States Central Command)는 미국 국방부의 통합
전투사령부로 중동과 아프리카의 이집트, 중앙아시아 25개국의 지역을 담당
하고 있다. 본부는 플로리다주 탬파 맥딜 공군기지에 있다.

11 「Comprehensive Report of the Special Advisor to the DCI on Iraq's
WMD」, Central Intelligence Agency(CIA), September 30, 2004.

12 2014년 10월 14일자『뉴욕 타임스』에 따르면, 미군이 2004~2011년 이라크
에서 대략 5000기에 이르는 화학무기를 발견했지만 이를 숨겨온 것으로 드
러났다. 그러나 이 무기들은 1980년대 '이란-이라크 전쟁' 당시 미국과 서유
럽의 지원으로 만들어진 것이었고, 게다가 거의가 더럽고 녹이 슨 상태로 버
려진 것들이었으며, 새로운 화학무기는 단 하나도 찾아내지 못했다. 손원재,
「미, 이라크전 때 화학무기 찾았는데…왜 숨겼나」,『한겨레』, 2014년 10월
15일. https://www.hani.co.kr/arti/international/america/659940.html

13 2009년부터 7년간 150명의 증언을 듣고 15만 건의 문서를 분석한 결과
를 담은 260만여 단어, 12권짜리 공식 보고서를 제출했다.「The Report of
the Iraq Inquiry」, Chilcot Report, House of Commons: London, 2016.
http://www.iraqinquiry.org.uk

14 약칭은 진실화해위원회다. 2005년 5월 제정된 '진실·화해를 위한 과거사정
리 기본법'에 따라 그해 12월 1일 출범했다. 항일 독립운동, 한국 전쟁 전후
민간인 희생, 권위주의 통치 시절에 일어난 인권 침해 등을 조사하고 은폐된
진실을 밝혀 미래로 나아가기 위해 설립된 독립적인 국가기관이다.

15 김상만,「유서 대필 사건 그때 보도는? 한마디로, '광기'」,『미디어오늘』,
2009년 9월 23일. http://www.mediatoday.co.kr/news/articleView.html?
idxno=83026

16 정철하,「혁명 위해 친구 죽음을 이용했던 남자」,『미디어오늘』, 2017년 4
월 16일. http://www.mediatoday.co.kr/news/articleView.html?idxno=
136164

17 Émile Zola.「J'Accuse…!」,『L'Aurore』, January 13, 1898. https://beq.

                                               욕망의 덫, 오보와 가짜뉴스

ebooksgratuits.com/vents/Zola-jaccuse.pdf

18 Frank Newport, 「Seventy-Two Percent of American Support War Against Iraq」, Gallup, March 24, 2003.
https://news.gallup.com/poll/8038/seventytwo-percent-americans-support-war-against-iraq.aspx

19 네덜란드, 독일, 요르단, 프랑스, 레바논, 러시아, 중국, 캐나다, 폴란드, 파키스탄, 스페인, 인도네시아, 터키, 모로코에서는 다수의 사람이 이라크 전쟁 이전의 세계가 더 안전하다고 답했다. 다만 미국과 인도에서만 후세인 정권의 붕괴 이후 더 안전하다고 믿었다(Pew Research Center, 「India: Pro-America, Pro-Bush」, Pew Global Attitudes Project, February 28, 2006). 25개국 2만 6000명을 상대로 벌인 다른 조사에서는 73퍼센트가 미국의 이라크 전쟁에 반대했다(「World View of U.S. Role Goes from Bad to Worse」, BBC World Service, January 23, 2007. http://news.bbc.co.uk/2/shared/bsp/hi/pdfs/23_01_07_us_poll.pdf). 영국인과 캐나다인을 대상으로 한 2006년 『가디언』 조사에서도 유사한 결과가 나왔다(ICM Research, Guardian July Poll, July 21~23, 2006). https://web.archive.org/web/20080527234221/http:/www.icmresearch.co.uk/pdfs/2006_july_guardian_july_poll.pdf

20 권경성, 「WP 전성기 이끈 마틴 배런 "정치인들에게는 이익이 곧 진실"」, 『한국일보』, 2021년 6월 9일.
https://n.news.naver.com/mnews/article/469/0000609625?sid=102

3장 뉴스 공급자의 일탈이 빚는 '거짓'

1 미야자키 마사카츠. 장하나 옮김, 『세계사를 뒤바꾼 가짜뉴스: 거짓으로 대중을 현혹시킨 36가지 이야기』, 매일경제신문사, 2021.

2 마르코 폴로는 일본에 간 적도 없다. 그가 기술한 지팡구에 관한 내용은 『동방견문록』에서 전언을 바탕으로 쓴 여럿 가운데 하나다.

3 한국 현대사학자 서중석은 국방부 대변인의 이런 발표는 전두환 정권의 정치적 의도가 개입한 결과라고 말한다. 그에 따르면 1986년 11월 17일 오전 열린 국무회의에서 전두환 당시 대통령은 "김일성 사망설이 확인은 안 됐지만 보도는 필요하다"고 말했다. 김덕련, 「세기의 오보로 판명된 『조선일보』 '세

계적 특종'」, 『프레시안』, 2017년 2월 6일. https://www.pressian.com/
pages/articles/149446

4   강혜인, 「북한 뉴스 '익명 소스' 종류만 수백 개…'아무말 대잔치'」. 뉴스타파,
2021년 7월 5일. https://newstapa.org/article/Br9S8

5   이정환, 「'아니면 말고' 북한 오보 66퍼센트는 익명의 정부 관계자가 취재원」,
『미디어오늘』, 2021년 5월 21일.

6   서수민, 「오보의 국제화, 그 이유는 '돈' 되지만 취재 어려운 북한 보도…베
껴 쓰는 '쉬운 기사' 유혹에 빠진 외신들」, 한국언론진흥재단, 『신문과방송』,
2020년 7월호. https://www.kpf.or.kr/front/news/articleDetail/590919.
do

7   Martin Gansberg, 「37 Who Saw Murder Didn't Call the Police; Apathy
at Stabbing of Queens Woman Shocks Inspector」, 『The New York
Times』, March 27, 1964.

8   이후 38명으로 수정됐다.

9   James D. Solomon, 〈The witness〉, 2016.

10   〈목격자〉 이전에도 2000년대 들어 『뉴욕 타임스』의 1964년 기사 내용에 증
거가 없다는 문제 제기는 간헐적으로 이어졌다. Nicholas Lemann, 「A Call
for Help: What the Kitty Genovese Story Really Means」, 『The New
Yorker』, March 2, 2014.

11   David W. Dunlap, 「1964 | How Many Witnessed the Murder of Kitty
Genovese?」, 『New York Times』, April 6, 2016. https://www.nytimes.
com/2016/04/06/insider/1964-how-many-witnessed-the-murder-
of-kitty-genovese.html

1부 부록 – 오보의 바벨탑은 어떻게 지어지는가

1   「Action in Tonkin Gulf」, 『Time』, August 14, 1964. https://time.com/
archive/6832228/nation-action-in-tonkin-gulf/

2   뉴스 소비자가 이성적으로 추론하기보다 오감을 떠올리게 하는 이런 감각적
인 보도는 뉴스 미디어들의 일상적인 보도 방식이다. 디지털 시대에 접어든
뒤에는 양과 질 모두에서 심화하고 있다. 그러나 저널리스트가 보지 않은 정
황을 마치 지켜본 것처럼 가시화했더라도 사실에 입각했다면 문제로 삼을 일

은 아니다.

3 Ben Bradlee obituary, 「Deceit and dishonesty: the James Cameron memorial lecture」, 『The Guardian』, April 29, 1987. https://www.theguardian.com/media/from-the-archive-blog/2014/oct/22/ben-bradlee-james-cameron-lecture-1987

4 미첼 스티븐스, 이광재·이인희 옮김, 『뉴스의 역사』(3판), 커뮤니케이션북스, 2010, 159쪽.

2부 오래된 현실, '가짜뉴스'

1 Alison Flood, 「Fake news is 'very real'world of the year for 2017」, 『The Guardian』, November 3, 2017.

4장 무엇이 가짜뉴스인가

1 이 뉴스의 출처는 가짜뉴스 이상으로 황당했다. 이 뉴스를 처음 보도한 'WTOE 5News'는 홈페이지에 '상상(想像) 뉴스(fantasy news)'를 다루는 웹사이트라고 스스로 공표하고 있던 미디어였기 때문이다.

2 「Why Fake News?」, Collins Dictionary, 2017. https://blog.collinsdictionary.com/language-lovers/etymology-corner-collins-word-of-the-year-2017/

3 Claire Wardle, 「Fake news, it's complicated」, First Draft, February 16, 2017. https://firstdraftnews.org/articles/fake-news-complicated/

4 이를테면, 로이터저널리즘연구소(Reuters Institute for the Study of Journalism)의 미디어 학자 라스무스 니엘센(Rasmus K. Nielsen)과 루카스 그레이브스(Lucas Graves)는 '풍자(satire)', '낮은 품질의 저널리즘(poor journalism)', '프로파간다(propaganda, 당파적 정치적 콘텐츠)', '광고(advertising)', '거짓뉴스(false news, 의도적으로 조작한 뉴스)'로 분류한다. Rasmus K. Nielsen·Lucas Graves, 「News you don't believe: Audience perspectives on fake news. Reuters Institute」, Oxford English Dictionary(2nd Ed.)(1989), "Fact", 2017.

5 Thorsten Quandt·Lena Frischlich·Svenja Boberg·Tim Schatto-
   Eckrodt, 「Fake News」, 『The International Encyclopedia of Journalism
   Studies』, 2019.
6 Hunt Allcott·Matthew Gentzkow, 「Social media and fake news in the
   2016 election」, 『Journal of Economic Perspectives』 31(2), Spring
   2017, pp.211~236.

5장 가짜뉴스는 왜, 어떻게 세상에 범람하게 됐을까

1 James Ball, 『Post-Truth: How Bullshit Conquered the World』, Biteback
   Publishing, 2017.
2 워들에 앞서 영국의 프리랜서 저널리스트이자 팩트 체커(Fact checker)로
   유명한 엘리엇 히긴스(Eliot Higgins)는 가짜뉴스를 만드는 동기로 '4Ps', 즉
   열정(Passion), 정치(Politics), 선전(Propaganda), 그리고 돈(Payment)
   을 지목했다. Claire Wardle, 「Fake news, it's complicated」. First Draft,
   February 16, 2017. https://firstdraftnews.org/articles/fake-news-
   complicated/
3 Craig Silverman·Lawrence Alexander, 「How Teens in the Balkans
   are duping Trump Supporters with Fake News」, 『BuzzFeed News』,
   November 3, 2016. https://www.buzzfeednews.com/article/
   craigsilverman/how-macedonia-became-a-global-hub-for-pro-
   trump-misinfo
4 『버즈피드』 보도에 따르면, 어떤 10대는 페이스북에서 대박을 치면 단 하루에
   3000달러를 벌었다고 한다.
5 미첼 스티븐스, 이광재·이인희 옮김, 『뉴스의 역사』(3판), 커뮤니케이션북스,
   2010, 160쪽.
6 「'1.5룸 청소 100만 원' 온라인 커뮤니티발 복붙 삼탕, 이젠 그만하자」, 민주
   언론시민연합 홈페이지, 2021년 10월 18일. http://www.ccdm.or.kr/xe/
   index.php?mid=watch&category=6294&document_srl=305926
7 '악타 디우르나(Acta Diurna)'는 고대 로마의 공식 기록·게시물을 통칭하는
   말로, 오늘날 신문의 조상으로 평가된다. 기원전 59년 집정관 카이사르는 원
   로원의 결정을 '악타 세나투스', 민회의 결정을 '악타 포플리'라는 이름으로

공개 게시하게 했고, 이는 시민들이 읽을 수 있는 일종의 공시판 형태였던 것으로 알려져 있다.

8　Gordon Pennycook·David G. Rand, 「The psychology of fake news」, 『Trends in Cognitive Sciences』 25(5), 2021, pp.388~402.

9　Maggie E. Toplak·Richard F. West·Keith E. Stanovich, 「The cognitive reflection test as a predictor of performance on heuristics-and-biases tasks」, 『Memory & Cognition』 39(7), May 2011, pp.1275~1289.

10　Hunt Allcott·Matthew Gentzkow, 「Social media and fake news in the 2016 election」, 『Journal of Economic Perspectives』 31(2), 2017, pp.211~236.

6장　전통 언론의 시대착오와 소셜 미디어의 '두 얼굴'

1　Nina Jankowicz, 「Why the Nobel Peace Prize award is a huge blow to Facebook」, 『Washington Post』, October 9, 2021. https://www.washingtonpost.com/opinions/2021/10/09/maria-ressa-nobel-prize-indictment-of-facebook/

2　吉岡桂子, 「報道と広報は全く違う」平和賞のレッサ氏 ヘイトの洪水浴びても…」, 『朝日新聞』, 2023年 10月 25日. https://www.asahi.com/articles/ASPB86STLPB8UHBI044.html?iref=pc_rellink_03

3　제임스 볼, 김선영 옮김. 『개소리는 어떻게 세상을 정복했는가: 진실보다 강한 탈진실의 힘(Post-Truth: How Bullshit Conquered the World)』. 다산초당, 2020.

4　김승현, 「野 김용판 '이재명, 조폭에게 20억 받아'… 李 '이래서 의원 면책특권 제한해야」, 『조선일보』, 2021년 10월 18일. https://www.chosun.com/politics/assembly/2021/10/18/KU2TLEYIPZEQ3PAO7ICFMC4ESU/

5　홍석희·신혜원, 「온라인 커뮤니티 '클리앙'…김용판 '가짜 돈다발' 밝혔다」, 『헤럴드경제』, 2021년 10월 19일. https://news.v.daum.net/v/20211019143554425

6　"미국의 『악시오스』를 비롯한 몇몇 해외 언론들은 러시아의 우크라이나 침략 전쟁에 '틱톡 전쟁(TikTok War)'이라는 이름을 붙이고 있다. 틱톡에는 러시아 군대가 우크라이나 국경에 집결할 때부터 수 주 동안 러시아군 움직임을 실시

간으로 전달하는 영상들이 올라왔다. 전문가들은 다시 이 수백 개 영상의 배경 풍경을 구글어스의 실제 데이터와 비교하는 방식 등을 이용해 러시아군의 움직임을 파악할 수 있었다고 미국『워싱턴포스트』는 최근 전했다.” 김영희, 「걸프전 CNN 생방 가고, 우크라전 '틱톡 라이브'가 왔다」,『한겨레』, 2022년 2월 1일. https://www.hani.co.kr/arti/society/media/1032903.html

7   반도체가 아닌 원자를 기억소자로 활용하여 슈퍼컴퓨터의 한계를 뛰어넘는 첨단 미래형 컴퓨터. 슈퍼컴퓨터의 연산 속도보다 1000배 이상 빠르다.

7장   가짜뉴스는 새로운 현상인가

1   미야자키 마사카츠, 장하나 옮김,『세계사를 뒤바꾼 가짜뉴스: 거짓으로 대중을 현혹시킨 36가지 이야기』, 매일경제신문사, 2021.

2   리처드 셍크먼, 임웅 옮김,『세계사의 전설, 거짓말, 날조된 신화들』, 미래M&B, 2001.

3   베른트 잉그마르 구트베를레트, 이지영 옮김,『역사의 오류: 되짚어볼 세계사의 의혹 혹은 거짓말 50』, 민음사, 2008.

4   지구 산악 빙하가 크게 팽창한 시기. 가장 최근은 16세기 말에 시작되어 1850년까지 계속된 소빙하기다.

5   고대 로마 제정기의 전기작가로 법정에서 활동하다가 황제의 비서를 지내기도 했다.

6   함규진, 「네로」, 네이버캐스트 '인물세계사', 2011년 2월 16일. https://terms.naver.com/entry.naver?docId=3571309&cid=59014&categoryId=59014

7   「루이 11세」, 다음백과. https://100.daum.net/encyclopedia/view/b06r2371b

8   베른트 잉그마르 구트베를레트, 이지영 옮김,『역사의 오류: 되짚어볼 세계사의 의혹 혹은 거짓말 50』, 민음사, 2008.

9   앙투아네트가 한 것으로 알려진 말은, 실제로는 루이 14세의 아내였던 스페인 왕가 출신 마리아 테레사 왕비가 한 말이라는 설이 유력하다. 마리아 테레사가 "빵이 없다면 파이의 딱딱한 껍질을 먹게 하라"고 말했다는 것이다. 표정훈, 「마리 앙투아네트: 혁명의 불길 속 프랑스 왕비」, 네이버캐스트 '인물세계사', 2009년 5월 16일. https://terms.naver.com/entry.naver?docId=35

                                            욕망의 덫, 오보와 가짜뉴스

67268&cid=59014&categoryId=59014

10 Tristin Hopper, 「Greatest cartooning coup of all time: The Brit who convinced everyone Napoleon was short」, 『National Post』, April 28, 2016. https://nationalpost.com/news/world/greatest-cartooning-coup-of-all-time-the-brit-who-convinced-everyone-napoleon-was-short

11 아마존이 운영하는 인터넷 영화 데이터베이스 사이트인 IMDb에서 드라큘라를 검색하면, 2021년 10월 기준으로 드라큘라를 소재로 한 영화와 TV 드라마는 382개나 된다. 뮤지컬 작품까지 더하면 물론 더 많다.

12 수백, 수천 년 전의 일에 대한 가짜뉴스들은 많은 경우 당대의 실제 상황을 정확히 확인하는 일이 쉽지 않다. 가짜뉴스를 만들어낸 주체가 당대의 인물일 수도 있지만, 오랜 세월이 흐르면서 그 어느 순간 가짜뉴스가 만들어지거나 맥락이 바뀌고 정보가 왜곡되거나 날조된 사례들도 있을 수 있다. 따라서 먼 과거의 가짜뉴스들의 탄생과 계승에 대해 파악하는 것은 결국 역사학자의 몫이다.

13 Thorsten Quandt·Lena Frischlich·Svenja Boberg·Tim Schatto-Eckrodt, 「Fake News」, 『The International Encyclopedia of Journalism Studies』, 2019.

14 Axel Gelfert, 「Fake News: A Definition」, 『Informal Logic』 38(1), 2018, pp.84~117.

15 Robert Love, 「Before Jon Stewart」, 『Columbia Journalism Review』, March 1, 2007.

16 벤저민 데이(Benjamin Day)가 1833년 창간한 신문. 미국의 언론사학자 J. 허버트 알철(J. Herbert Altschull)은 이 신문을 최초의 대중 미디어로 꼽았다. 19세기 초 산업화로 도시화가 급진전된 미국 동부는 대중 교육과 정치적 민주화가 크게 확대되는 상황이었다. 이에 『뉴욕 선』은 신문 값을 기존의 6분의 1로 내리고, 광고를 대거 유치해 신문 판매 수입보다 광고 수입으로 신문사를 운영하는 전환을 이뤄냈다. 인간적 흥미와 자극적인 뉴스로 독자 수가 크게 늘었고, 당시 미국 언론의 선정주의를 선도한 대표적 신문이었다.

17 「"The Great Moon Hoax" is published in the "New York Sun"」, History.com, November 24, 2009; 'Great Moon Hoax', Wikipedia. https://www.history.com/this-day-in-history/the-great-moon-hoax

https://en.wikipedia.org/wiki/Great_Moon_Hoax

18 1896년 창간된 미국 마이애미의 대표적 일간신문이다. 1957년 『마이애미 뉴스(The Miami News)』로 제호를 바꿨으며, 1988년 12월 31일 경영난으로 폐간했다. 1939년 이후 다섯 차례 퓰리처상을 수상했다.

19 Dustin Waters, 「They claimed they'd hit a creature from outer space on a Georgia highway. People got excited」, 『The Washington Post』, December 1, 2019. https://www.washingtonpost.com/history/2019/12/01/they-claimed-have-hit-creature-outer-space-truth-was-less-otherworldly/

20 영어로는 '플랜더스(Flanders)'이다.

21 당시 벨기에인을 충격에 빠뜨린 프로그램 영상. https://www.youtube.com/watch?v=ck7lu8p1MZE

22 「Viewers fooled by 'Belgium split'」, BBC News, Thursday, 14 December 2006. http://news.bbc.co.uk/2/hi/europe/6178671.stm

8장 정보 민주화의 역설, 가짜뉴스

1 장하준, 김희정·안세민 옮김, 『그들이 말하지 않는 23가지』, 부키, 2010.

2 Mark U. Edwards, 『Printing, Propaganda and Martin Luther』, University of California Press, 1994, p.15.

3 그렇더라도 16세기 영국에서도 평범한 비숙련 노동자의 하루 벌이가 1실링(shilling)이었다고 하고, 팸플릿 가격은 1~3펜스(pence)였으니 대중에게는 여전히 부담스러운 가격이었을 것이다. Joad Raymond, 『Pamphlets and pamphleteering in early modern Britain』, Cambridge University Press, 2006.

4 1500년경에는 남성의 약 90퍼센트와 여성의 98퍼센트가 문맹이었다. 하지만 1600년경에는 남성의 약 70퍼센트와 여성의 90퍼센트로 감소했고, 1700년에는 남성의 약 50퍼센트와 여성의 70퍼센트가 문맹이었다. Joad Raymond, 『The Oxford History of Popular Print Culture: Volume One: Cheap Print in Britain and Ireland to 1660』, Oxford University Press, 2011.

5 「How Luther Went Viral」, 『The Economist』, December 17, 2011. http://

  욕망의 덫, 오보와 가짜뉴스

www.economist.com/node/21541719

6   종교개혁 시기 프로테스탄트 진영과 로마가톨릭 사이에 대중의 지지를 얻기
     위해 벌어진 팸플릿 선전은 이른바 '종교개혁 시기 프로파간다(Propaganda
     during the Reformation)'로 불린다.

7   Jeremiah E. Dittmar, 「Information technology and economic change:
     the impact of the printing press」, 『The Quarterly Journal of Economics』
     126(3), 2011, PP.1133~1172, p.1133, p.1165. 세계 최고 권위의 경제학
     학술지로 평가되는 『The Quarterly Journal of Economics』에 디트마르의
     연구 논문이 발표되기 전까지는, 인쇄 기술의 발전과 도입이 경제에 미친 영
     향은 제한적이었다는 게 서구 경제사학계의 전통적인 견해였다.

8   Elizabeth L. Eisenstein, 『The Printing Press as an Agent of Change:
     Communications and Cultural Transformations in Early-Modern
     Europe』, Cambridge University Press, 1979.

9   노혜경, 『가짜뉴스 경제학』, 워크라이프, 2020, 46쪽.

10   「How Luther went viral」, 『The Economist』, December 17, 2011.
     https://www.economist.com/christmas-specials/2011/12/17/how-
     luther-went-viral

11   앞의 기사.

12   발라드(Ballade). 가벼운 멜로디를 입힌 자유스러운 형식의 소서사시, 또는
     담시(譚詩). 15~16세기 유럽에서 유행했다. 일종의 민요(民謠)다.

13   Robert Darnton, 『Poetry and the Police』, Harvard University Press,
     2010.

14   노혜경, 『가짜뉴스 경제학』, 워크라이프, 2020, 53쪽.

9장   가짜뉴스는 진짜 위협적인가

1   Andrew Smith, 「The pedlars of fake news are corroding democracy」,
     『The Guardian』, November 25, 2016. https://www.theguardian.
     com/commentisfree/2016/nov/25/pedlars-fake-news-corroding-
     democracy-social-networks

2   진민정, 「탈진실 시대의 미디어: 가디언 편집국장 캐서린 바이너와의 대화」,
     『슬로우뉴스』, 2017년 11월 13일. https://slownews.kr/66608

3   '반향실(反響室) 효과'라고도 한다. 유사한 현상으로는 필터 버블(filter bubble)이 있다. 필터 버블은 인터넷 정보 제공자가 개인의 취향이나 선호도를 분석해 적절한 정보를 골라서 제공함에 따라, 이용자가 선별된 정보만을 제공받게 되는 현상이다.

4   Matthew Gentzkow·Jesse M. Shapiro, 「Ideological segregation online and offline」, 『The Quarterly Journal of Economics』 126(4), 2011, PP.1799~1839.

5   Benjamin A. Lyons·Vittorio Merola·Jason Reifler, 「How Bad is the Fake News Problem?」, 『The Psychology of Fake News』, Routledge. 2020.

6   Andrew M. Guess·Brendan Nyhan·Jason Reifler, 「Exposure to untrustworthy websites in the 2016 U.S. election」, 『Nature Human Behaviour』 4, 2020, pp.472~480.

7   Andrew M. Guess·Brendan Nyhan·Jason Reifler, 「Selective Exposure to Misinformation: Evidence from the consumption of fake news during the 2016 U.S. presidential campaign」, January 9, 2018.

8   Stephan Lewandowsky·Ullrich K. H. Ecker·John Cook, 「Beyond misinformation」, 『Journal of Applied Research in Memory and Cognition』, 2017.

9   Hannah J. Parkinson, 「Click and Elect: How Fake News Helped Donald Trump Win a Real Election」, 『The Guardian』, November 14, 2016. https://www.theguardian.com/commentisfree/2016/nov/14/fake-news-donald-trump-election-alt-right-social-media-tech-companies
Caitlin Dewey, 「Facebook Fake-News Writer: 'I Think Donald Trump is in the White House because of Me.'」『Washington Post』, November 17, 2016. https://www.washingtonpost com/news/the-intersect/wp/2016/11/17/facebook-fake-news-writer-i-think-donald-trump-is-in-the-white-house-because-of-me/

10 Craig Silverman, 「This Analysis Shows How Viral Fake Election News Stories Outperformed Real News On Facebook」, 『BuzzFeed News』, November 17, 2016. https://www.buzzfeednews.com/article/

                                     욕망의 덫, 오보와 가짜뉴스

craigsilverman/viral-fake-election-news-outperformed-real-news-
on-facebook

11 진민정, 「탈진실 시대의 미디어: 가디언 편집국장 캐서린 바이너와의 대화」,
『슬로우뉴스』, 2017년 11월 13일. https://slownews.kr/66608

12 「Statista Facebook MAU Dataset, eMarketer U.S. Social Media
Forecasts, Backlinko, DemandSage, QuantumRun」, Meta Investor
Reports(2014~2024).

13 Andrew Guess·Benjamin Lyons·Jacob M. Montgomery·Brendan
Nyhan·Jason Reifler, 「Fake news, Facebook ads, and misperceptions:
Assessing information quality in the 2018 U.S. midterm election
campaign」, 2018. Retrieved from www.dartmouth.edu/~nyhan/fake-
news-2018.pdf

14 Alex Fox, 「Majority of Americans were not exposed to "fake news" in
2016 U.S. election, Twitter study suggests」, American Association for
the Advancement of Science, 『Science』, January 24, 2019.

15 Benedict Carey, 「"Fake news": Wide reach but little impact, study
suggests」, 『The New York Times』, January 2, 2008. www.nytimes.
com/2018/01/02/health/fake-news-conservative-liberal.html

16 Thorsten Quandt·Lena Frischlich·Svenja Boberg·Tim Schatto-
Eckrodt, 「Fake News」, 『The International Encyclopedia of Journalism
Studies』, Wiley-Blackwell, 2019.

17 Benjamin A. Lyons·Jason Reifler·Vittorio Mérola, 「How Bad is the
Fake News Problem?: The role of baseline information in public
perceptions」, 『The Psychology of Fake News』, Routledge, 2020, p.12.

18 Hunt Allcott·Matthew Gentzkow, 「Social media and fake news in the
2016 election」, 『Journal of Economic Perspectives』 31(2), Spring
2017, pp.211~236.

19 Benjamin A. Lyons·Jason Reifler·Vittorio Mérola, 「How Bad is the
Fake News Problem?: The role of baseline information in public
perceptions」, 『The Psychology of Fake News』, Routledge, 2020, p.24.

20 날조의 비중이 큰 가짜뉴스일수록 유효기간이 짧아, 단기 이득을 추구하는 사
람들에 의해 생산되는 경우가 많다.

21   헥터 맥도널드, 이지연 옮김, 『만들어진 진실』, 흐름출판, 2018.

22   남아메리카의 고대 잉카 문명 시절부터 재배된 고단백·고영양 식품으로, 남
      아메리카 안데스산맥 지역에서 주로 생산되는 명아줏과 작물.

23   사실 이 말고도 평균에는 연도별 증가율의 평균치를 구할 때 쓰는 '기하평균
      (geometric mean)', 가장 높은 빈도로 나타나는 값인 최빈값(mode) 등 다양
      한 개념이 있다.

24   Oxford English Dictionary, 1989.

에필로그   거짓을 믿고 싶은 사회, 가짜뉴스를 다루는 법

1   황치성, 『세계는 왜 가짜뉴스와 전면전을 선포했는가?』, 북스타, 2018.

욕망의 덫
오보와 가짜뉴스

ⓒ 양상우, 2026

초판 1쇄 2026년 3월 27일 찍음
초판 1쇄 2026년 4월 10일 펴냄

지은이 | 양상우
펴낸이 | 강준우
인쇄·제본 | 지경사문화

펴낸곳 | 인물과사상사
출판등록 | 제17-204호 1998년 3월 11일

주소 | (04031) 서울시 마포구 동교로 22길 29 성지빌딩 3층
전화 | 02-325-6364
팩스 | 02-474-1413

www.inmul.co.kr | insa@inmul.co.kr

ISBN 978-89-5906-827-2 03300

값 18,000원

이 저작물의 내용을 쓰고자 할 때는 저작자와 인물과사상사의 허락을 받아야 합니다.
파손된 책은 바꾸어 드립니다.